LANDSCHAFTSVERBAND RHEINLAND
Landeskonservator Rheinland
Arbeitsheft 42

LANDSCHAFTSVERBAND RHEINLAND
Landeskonservator Rheinland

OBERFLÄCHENBEHANDLUNG BEI FACHWERKBAUTEN

Texte zum Symposium Oberflächenbehandlung an und in Fachwerkbauten
am 17. / 18. 10. 1986
im Rheinischen Freilichtmuseum in Kommern

ARBEITSHEFT 42

LANDSCHAFTSVERBAND RHEINLAND
Landeskonservator Rheinland · Arbeitsheft 42
Schriften des Rheinischen Freilichtmuseums — Landesmuseum für Volkskunde Nr. 40
Gedruckt mit Mitteln des Ministers für Stadtentwicklung, Wohnen und Verkehr des Landes Nordrhein-Westfalen

Titelbild: Fassadenausschnitt von Haus Fuck in Erftstadt-Friesheim, 1986

© Rheinland-Verlag GmbH · Köln · 1989

Rheinland-Verlag- und Betriebsgesellschaft des Landschaftsverbandes Rheinland mbH, Abtei Brauweiler, 5024 Pulheim 2.
Alle Rechte vorbehalten. Herausgegeben im Auftrag des Ministers für Stadtentwicklung, Wohnen und Verkehr des Landes
Nordrhein-Westfalen und des Landschaftsverbandes Rheinland. Schriftleitung: Jörg Schulze und Wolfgang Brönner,
Gestaltung: Norbert Radtke. Lithos: Peukert, Köln. Satz und Druck: Druckhaus B. Kühlen KG, 4050 Mönchengladbach.
Printed in Germany.
ISBN 3-7927-1038-2

Inhaltsverzeichnis

Vorwort 7

Einführung 9

Jörg Schulze
Oberflächenbehandlung bei Fachwerkbauten 11

G. Ulrich Großmann
Zur Farbigkeit und Oberflächengestaltung des Fachwerks 25

Fred Kaspar
„Des Hauses neue Kleider": Oberfläche und Farbigkeit von Architektur als Verschleißschicht 37

Ulrich Klein
Historische Farbfassungen des Fachwerks in hessischen Städten 53

Eckart Hannmann
Neuere Beobachtungen zu Farbfassungen an Fachwerkgebäuden in Südwestdeutschland 73

Martin Thumm
Fachwerkbauten und ihre Farbigkeit 91

Wolf-Manfred Müller
Farbfassungen in und an Fachwerkgebäuden des 15. bis 19. Jahrhunderts 100

Horst Wengerter
Fassungsbefunde an Fachwerkbauten und Entwicklung von Arbeitskonzepten für die Restaurierung . . . 114

Elisabeth Jägers
Naturwissenschaftliche Untersuchung zur Fachwerkfarbigkeit 123

Jürgen Hohmann
Putz, Stuck, Lehm und Holz als Anstrichuntergründe 128

Franz-Josef Kosel
Technische Aspekte von Anstrichen nach schriftlichen Quellen, Befragungen und naturwissenschaftlichen Befundanalysen 135

Autorenverzeichnis 141

Vorwort

Zum wiederholten Mal haben sich das Rheinische Freilichtmuseum in Kommern, das Amt für Rheinische Landeskunde und das Rheinische Amt für Denkmalpflege als Dienststellen der landschaftlichen Kulturpflege des Landschaftsverbandes Rheinland zusammengefunden, um in öffentlichen Tagungen und Kolloquien Themen und Probleme zu erörtern, die für ihre jeweiligen Arbeitsgebiete von eigenem und doch zugleich übergreifendem und damit gemeinsamem Interesse sind.

Nach der Tagung „Lehm im Fachwerkbau" 1985, dessen Bericht als Band 29 der Führer und Schriften des Rheinischen Freilichtmuseums und Landesmuseums für Volkskunde Kommern erschienen ist, fand am 17. und 18. Oktober 1986 ebenfalls im dortigen Freilichtmuseum ein Kolloquium statt, das sich eingehend mit der „Oberflächenbehandlung bei Fachwerkbauten" befaßte. Fachkenner bundesweit aus Denkmalpflege, Museen, Bauforschung und Restaurierung hatten dabei das weite Spektrum des Phänomens „Farbe" an Fachwerkbauten in kompetenten Referaten aufgefächert. Diese werden hiermit der Wissen suchenden Öffentlichkeit mit Hoffnung auf Gewinn für unsere Denkmäler vorgelegt.

Seit der Antike spielt das Farbkleid, die Fassung, eine entscheidende, die Architektur erst vollendende Rolle. Dabei unterlag solche Polychromie Entwicklungen und Moden; ihr Faktum geriet schon häufiger zum Gegenstand heftiger wie emotionaler Diskussionen.

Gilt das Fachwerk vielen als Inbegriff von Denkmal schlechthin, so genießt der Farbkanon von schwarzen Balken und weißen Gefachen in gleicher Beliebtheit den Anspruch fast allgemein gültiger Verbindlichkeit für diese Baugattung.

Soll oder muß — aus welchen Gründen auch immer — von solchem Farbraster abgewichen werden, regt sich oft genug vehementer Widerstand. In der Tat: Veränderungen an Baudenkmälern oder Eingriffe in ihre Substanz sind ohne eingehende Kenntnis der historischen Schichten nicht verantwortbar.

Deshalb ist es wichtig, sich durch Befunde am jeweiligen Objekt selbst, durch Quellen- und Literaturforschung erst einmal ein genaueres (farbiges) Bild zu machen, um aus dem sicheren Überblick entscheiden zu können, welche Farbigkeit ein Fachwerk richtigerweise für sich fordert.

Auch wenn nicht jede Erkenntnis in die Tat umgesetzt werden kann und darf, so dient sie in jedem Fall der Vervollständigung unseres jederzeit zu verdichtenden Kenntnisstandes. Insofern steht am Anfang auch der Erforschung historischer Farbigkeit der Fachwerkarchitektur die Neugierde der Wissenschaft.

Und soll eine in Praxis und Theorie erkannte Farbigkeit konserviert, restauriert oder rekonstruiert werden, so ist das nicht möglich ohne eine subtile Kenntnis der Materialien und Techniken.

Wir haben die Hoffnung, mit der Tagung dabei ein Stück vorangekommen zu sein. Vielleicht wird unsere rheinische Fachwerklandschaft in Zukunft farbiger.

Für die immer mühevolle Arbeit der Schriftleitung habe ich Herrn Dr.-Ing. Jörg Schulze, Abteilungsleiter praktische Denkmalpflege im Rheinischen Amt für Denkmalpflege, bestens zu danken.

Ohne die spürbare Hilfe des Ministers für Stadtentwicklung, Wohnen und Verkehr, vertreten durch Herrn Ministerialrat Dr. P. A. Memmesheimer, wäre die Drucklegung der Tagungsbeiträge in dieser Form niemals möglich geworden. Ihm fühle ich mich verpflichtet.

Abtei Brauweiler, August 1989   Udo Mainzer

Einführung

Das verbreitete Interesse an Fachwerkbauten steht in einem auffälligen Mißverhältnis zu den geringen Erhaltungserfolgen und dem unzureichenden Wissen über diese Bauweise. Selbst Fachleuten der Denkmalpflege sind in der Regel nur die wesentlichen Züge der Entwicklungsgeschichte des Fachwerkgefüges und der Ausfachungstechniken in den einzelnen Hauslandschaften vertraut. Die handwerkliche und formale Vielfalt unterschiedlicher Oberflächenbehandlungen und Raumfassungen dagegen ist bisher nur in Ansätzen bekannt. Andererseits werden die Zeugnisse der historischen Fachwerkarchitektur durch Verfall, Umbau und Modernisierung wissentlich oder unbewußt täglich weiter vermindert. Dabei gehen vor allem originale Oberflächen ohne ausreichende vorherige Bestandsaufnahmen in größerem Umfang verloren. Gerade Oberflächen sind aber regelmäßig besonders aussagekräftige Bestandteile der geschichtlichen Objekte und deshalb auch von hohem Interesse für die Forschung und Denkmalerhaltung. In manchen Hauslandschaften reichen die wenigen noch unverändert verbliebenen Zeugnisse der historischen Fachwerkkultur schon längst nicht mehr aus, auch nur noch ein grobes Bild der Entwicklung der Oberflächenbehandlung zu gewinnen. Dieses Defizit ist aber nicht allein aus wissenschaftlicher Sicht zu bedauern, es hat auch erhebliche Auswirkungen für die Erhaltungspraxis, denn der Denkmalpflege fehlen damit gleichzeitig wichtige Grundlagen für eine angemessene Behandlung der Oberflächen. Unsicherheiten über die richtige Zuordnung historischer Schichten und ihre angemessene Überfassung werden begleitet von mangelnden Kenntnissen über die technischen Eigenschaften überlieferter Materialien, adäquate handwerkliche Verarbeitungsmethoden wie über die langfristige Auswirkung der Anwendung moderner Ersatzstoffe.

Das auf dem Symposium Oberflächenbehandlung in und an Fachwerkbauten von den Experten aus Bauforschung und praktischer Denkmalpflege präsentierte Material aus unterschiedlichen Gegenden Deutschlands machte deutlich, daß eine wesentliche Voraussetzung für die Erweiterung unserer Kenntnisse über Fachwerkoberflächen und damit auch für die angemessenere Behandlung der Objekte inzwischen in Gang gekommen ist, nämlich eine intensive Grundlagenforschung. Die örtlichen Befunduntersuchungen stehen überwiegend in unmittelbarem Zusammenhang mit dem Zwang zu verändernden Umbau- und Instandsetzungsmaßnahmen. Die dabei feststellbaren Unterschiede in der Methodik waren in keinem Fall Ausdruck konträrer wissenschaftlicher Ansätze, sondern viel eher Anzeichen der stark differierenden finanziellen, zeitlichen und personellen Möglichkeiten und der Beschränkung durch das übergeordnete Ziel der Erhaltung.

Die in zahlreichen Einzeluntersuchungen von Restauratoren, Freilichtmuseen und Denkmalpflegern ermittelten, hier zu einem wesentlichen Teil erstmals und in dieser Vielfalt bisher nur einmalig gezeigten Farbbeispiele boten ein von den Fachleuten zwar erwartetes, im Reichtum seiner Varianten aber doch immer wieder faszinierendes Bild der innerhalb des jeweiligen geschichtlichen Farbkanons möglichen Fassungsvarianten. Besonders bemerkenswert war aber eine Erkenntnis, die sich aus der Zusammenschau des umfangreichen Bildmaterials aus teilweise weit auseinander liegenden Regionen erschloß: nämlich, daß die geschichtliche Entwicklung farblicher Präferenzen in den unterschiedlichen Hauslandschaften doch weitgehend nach einem einheitlichen Grundmuster verlaufen ist, trotz erheblicher Abweichungen im Konstruktiven und in den Ausbaudetails. Nach dem Beginn der Bemalungen war der Wechsel vom schwarz-weißen über den rot-weißen bis zum blau-weißen Farbstandard sozusagen ein Phänomen des gesamten deutschen Kulturraumes, in dem Abweichungen eher aus der Rückständigkeit handelsferner Regionen als aus einer kulturell eigenständigen Entwicklung erklärbar scheinen. Diese allgemeine Aussage bedarf aber sicher noch weiterer umfangreicher Untersuchungen zu ihrer Bestätigung bzw. Relativierung. Insofern sollte die in dieser Schrift dargestellte Vielfalt einem weiteren Kreis von Interessenten und Experten auch Anstöße geben, die Erforschung historischer Fachwerkoberflächen in Zukunft weiter zu ermöglichen bzw. zu betreiben, vor allem aber, die unvermeidlichen Eingriffe zur Umnutzung und Erhaltung nur nach sorgfältigen Untersuchungen vorzunehmen.

Im Hinblick auf die technischen Probleme der Oberflächenbehandlung wurde aus den Vorträgen und Diskussionen deutlich, daß die Übertragung moderner Standards der gestalterischen Perfektion, absoluten Regendichtigkeit und Wartungsfreiheit mit Hilfe moderner dichtender Anstrichstoffe dem System der historischen Gefüge und Oberfläche eher abträglich ist. Die Beiträge des Symposiums zu diesem Thema enthalten Anregungen an Handwerker und Denkmalpfleger, die teilweise vergessenen historischen Verarbeitungstechniken wieder einzuüben und für die Erhaltung nutzbar zu machen.

Jörg Schulze

Oberflächenbehandlung bei Fachwerkbauten

Denkmalpflegerische und bautechnische Probleme

Jörg Schulze

Oberflächen von Gebäuden sind nicht nur entscheidende Elemente der architektonischen und räumlichen Wirkung, sondern auch wichtige Bestandteile ihrer jeweiligen bautechnischen Systeme. Als Witterungs- und Verschleißschichten haben sie die Aufgabe, wesentlich aufwendiger zu erstellende konstruktive Teile zu schützen.

Dabei sind sie starker Abnutzung ausgesetzt und bedürfen einer regelmäßigen Wartung.

Nach historischer Handwerkstradition wurden diese Bauunterhaltungsarbeiten früher aufgrund entsprechender Kontrollen in bestandsgerechten Intervallen durchgeführt. So vor allem Anstricherneuerungen in der überlieferten Technik und in den jeweils zeittypischen Farbtönen, die sich als Befund der Schichtenfolgen auch heute noch an vielen historischen Fachwerkhäusern feststellen lassen.

Beim Beginn denkmalpflegerischer Fürsorge für Fachwerkbauten um die Jahrhundertwende gab es für den damals noch reichen Bestand verdeckter Originalfassungen zunächst aber nur wenig Interesse. Denkmalpflege an Fachwerkbauten bedeutete häufig die Freilegung von Putz. Dies war zwar keineswegs immer, aber doch in vielen Fällen eine technische Notwendigkeit; denn zahlreiche Häuser waren durch mangelnde Pflege in einen Zustand geraten, der dazu zwang, zumindest große Teile der Außenhaut aufzugeben, wenn man das Gefüge reparieren wollte.

In einem Aufsatz über die Instandsetzung von Fachwerkbauten aus dem Jahre 1931 verteidigt Wildeman die damalige Praxis der rheinischen Denkmalpflege mit Argumenten, die auch heute noch gültig sind. Bei der Erörterung der Farbgebung beschränkt er sich allerdings weitgehend auf ästhetische Aspekte, warnt ebenso vor zu grellen wie vor ängstlich matten Farbgebungen und appelliert an den guten Geschmack. Immerhin verlangt er als entscheidendes Regulativ eine Anpassung an den „überlieferten Farbcharakter der einzelnen deutschen Orte und Landschaften", wie auch an den

1 Siegburg, Haus Tannenbaum, erbaut um 1600
Zustand vor der Freilegung und Instandsetzung im Jahre 1979

2 Siegburg, Haus Tannenbaum
nach der Instandsetzung 1983

3 Siegburg, Haus Tannenbaum
Putzrest mit originaler Farbfassung

jeweiligen Baucharakter. „Wir können es beispielsweise im Westerwald und dem bergischen Lande, wo das Schwarz-weiß-Fachwerk ausschlaggebend den Eindruck der Streusiedlungen in dem welligen Gelände beherrscht, nicht billigen", meint Wildeman, „wenn plötzlich blaue, grüne und gelbe Fassaden auftreten. Süddeutsche Farbigkeit ist hier durchaus nicht am Platze. Und selbst in den farbig lustigeren Rhein- und Moselorten ist man stellenweise weit über das wünschenswerte Maß hinausgegangen, wodurch nicht nur die geschlossene Wirkung des Stadtbildes leidet. Was man dort an Farben sieht, grenzt in seiner Geschmacklosigkeit oft an Kirmeszauber."[1]

Der Verlust originaler historischer Oberflächen bildete für die Denkmalpflege angesichts der noch reichen Bestände damals offensichtlich kein schwerwiegendes Problem. Das hat sich grundlegend geändert. Die rasante Reduzierung des Reservoirs historischer Oberflächen hat das Bewußtsein der Fachleute geschärft. Aber die Praxis ist nur schwer zu verändern. Zwar gilt die eingängige Ästhetik von Fachwerkkonstruktionen heute weithin als Idealbild historischer Baukultur, aber die Erhaltung beschränkt sich in zu vielen Fällen noch immer nur auf das konstruktive Gerippe. Daß Oberflächen nicht nur von mittelbarer Bedeutung sind, sondern als Originalsubstanz selbst Gegenstand denkmalpflegerischer Erhaltungsbemühungen sein sollten, und daß Erhaltung deshalb viel wichtiger ist als die — und sei es auch befundorientierte — Neugestaltung, ist den meisten Fachwerkhausbesitzern nur schwer zu vermitteln. Die Verluste aufgrund mangelnder Einsicht werden daher auch in den kommenden Jahren nicht abreißen. Dazu kommen die oft unvermeidlichen Zerstörungen durch technischen Verfall und der anhaltende Zwang zur therapeutischen Amputation von Oberflächen, um wenigstens die Konstruktion zu retten. So geht der einstige historische Reichtum unaufhaltsam verloren. Bei dem um 1600 erbauten Haus Tannenbaum in Siegburg (Abb. 1 und 2) konnte das letzte erhaltene Stück des Originalputzes (Abb. 3) gerade noch sichergestellt werden, als es bei der Sanierung aus seinem durch eine spätere Verschieferung geschützten Platz am Giebel herabfiel.[2]

Bei dem 1608 erbauten Haus Fuck in Friesheim, einem der wenigen Beispiele für die Zierausfachung mit Ziegeln im Regierungsbezirk Köln, blieb die angegriffene Substanz bisher erhalten. Die stark schadhaften Steine mußten zum Schutz allerdings mit einem Schlämmanstrich versehen werden, auf den das alte Bild als Fassung übertragen wurde (Abb. 4).

Die Verzierung eines 1659 erbauten Hauses in Kreuzweingarten (Abb. 5), nach Wildeman das einzige Beispiel für reiche Putzritzungen in der Nordeifel[3], ist dagegen schon fast vollständig der Verwitterung zum Opfer gefallen.

Daß aber viele Substanzzerstörungen durch menschliche Eingriffe trotz Denkmalschutzgesetzen heute noch immer ohne die Erfüllung der denkmalpflegerischen Mindestpflicht ablaufen — nämlich einer fachgerechten Dokumentation — dürfte nicht länger hingenommen werden. Leider gibt es dafür in den zuständigen Behörden nicht einmal genügend Fachkräfte. Um so mehr ist zu begrüßen, daß seit einigen Jahren auch unabhängig von konkreten Sanierungsfällen Farbuntersuchungen durchgeführt werden. Damit wird ja nicht nur das Wissen erweitert für den einstigen Reichtum des historischen Gestaltungsmediums Farbe, sondern auch die Voraus-

4　Erftstadt-Friesheim, Haus Fuck, erbaut 1608
Überfassung der Ziegelausfachung entsprechend dem vorhandenen Fugenbild

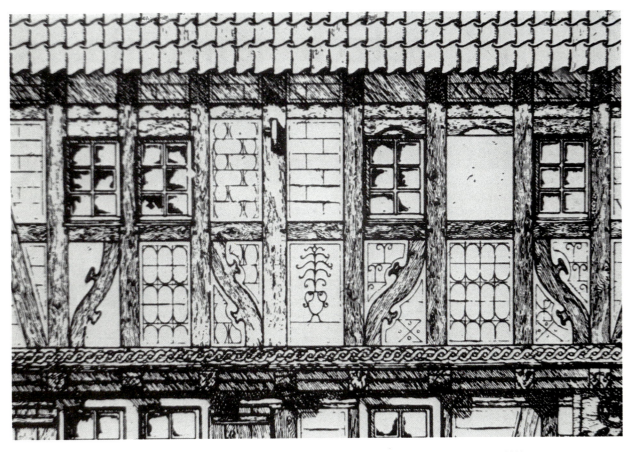

5　Euskirchen Kreuzweingarten, Putzritzungen an einem 1659 erbauten Fachwerkhaus. Aufnahme von 1919

6 Bad Münstereifel, Windeckhaus
Überfassung von 1980/81 nach dem
Farbkonzept Wildemans von 1940

setzung geschaffen, um der Öffentlichkeit den Sinn der Erhaltungsbemühungen zu verdeutlichen. Ziel der Forschungen ist es, über die spärlichen überlieferten Informationen und bisherigen punktuellen Untersuchungen hinaus ein konkretes Bild zu gewinnen, welche Oberflächengestaltungen bei unterschiedlichen Hausformen und Landschaften üblich waren und vor allem, wie sich diese Farbmoden im Laufe der Jahrhunderte weiterentwickelt haben.

Auch das Rheinische Amt für Denkmalpflege hat vor einigen Jahren damit begonnen, Oberflächen von Fachwerkbauten über akute Baumaßnahmen hinaus systematisch zu erfassen. Leider sind die ohnehin nur bescheidenen Erwartungen in dieses Programm inzwischen erheblich gedämpft worden. In vielen Fällen ergaben die Nachforschungen überhaupt keinen Befund. Offensichtlich sind die nach Kriegszerstörungen und Nachkriegsbauboom verbliebenen Bestände unserer verstädterten Region in ihrer Mehrzahl so radikal renoviert worden, daß die historischen Oberflächen dabei bis auf kaum mehr auffindbare Reste vernichtet wurden.

Das Rheinland ist aber eine Region mit teilweise recht kleinräumigen Hauslandschaften. Bei den selteneren Hausformen, wie beispielsweise dem Venntyp, könnten die Verluste bereits so groß sein, daß ein ausreichendes Reservoir für eine repräsentative Befunderhebung nicht mehr verfügbar ist. Daher scheint fraglich, wieweit es überhaupt noch möglich ist, ein flächendeckendes Bild der historischen Fachwerkfarbigkeit im Nordrheinland zu gewinnen.

Aber auch eine weitgehende Kenntnis landschaftstypischer Farbentwicklungen wäre ja keine Entscheidungshilfe, die denkmalpflegerische Fragestellungen der Erhaltung quasi automatisch löst. Das gilt sogar für die Farbgestaltung notwendiger Überfassungen — gegenüber der Erhaltungsaufgabe sicher ein sekundäres Problem — es sei denn, man wollte alle Gebäude im Sinne des 19. Jahrhunderts auf einen fiktiven Urzustand

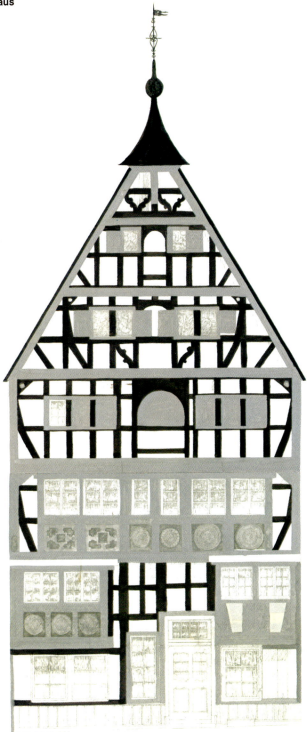

7 Bad Münstereifel, Windeckhaus
Rekonstruktionszeichnung der ursprünglichen Farbigkeit nach Befunduntersuchungen des Rheinischen Amtes für Denkmalpflege

zurückführen. Die Erneuerung einer Farbfassung des 16. Jahrhunderts an einem Bau, dessen architektonische Gliederung wesentlich durch die Fenstereinbauten des 18. Jahrhunderts geprägt wird, wäre ein Anachronismus. Leider sind Fehlgriffe dieser Art oder gar Kombinationen zeitunterschiedlicher Fassungen nicht auszurotten. Sinnvoll ist aber allenfalls die Neufassung im Sinne der letzten prägenden Umbauphase oder nach einer späteren Farbgebung.

Entsprechendes gilt prinzipiell auch für die Berücksichtigung von Nachbarbauten unterschiedlicher Entstehungszeiten in einem Ensemble. Eine historische Straße, in der jeder Einzelbau im Sinne seiner Ursprungsfassung überstrichen wird, wäre eine eigentlich irreale, künstliche Zusammenstellung, denn in Wirklichkeit haben sich die älteren Bauten, auch wenn sie sonst kaum umgestaltet wurden, mit den üblichen Renovierungsanstrichen schon immer den jeweiligen Farbgebungstrends angepaßt.

So wurde bei dem 1644 erbauten Windeckhaus in Bad Münstereifel der nach einer Instandsetzung nötige Neuanstrich 1980/81 nicht an der Fassung des 17. Jahrhunderts orientiert, sondern an einer Farbgebung von 1930, die man wohl als Erfindung Wildemans bezeichnen muß (Abb. 6). Dieser Entscheidung war eine eingehende Untersuchung vorausgegangen, die als älteste Farb-

8 Bad Münstereifel, Klosterplatz 10
Für eine Putzoberfläche konzipierter Fachwerkbau des 18. Jhs.

schichten hellocker für die Ausfachungen und graublaugrünliche Töne für das geschnitzte Holzwerk ergeben hatte (Abb. 7). Ausschlaggebend für die Art der Überfassung waren die inzwischen eingetretenen Änderungen im Ensemble der Orchheimer Straße, für die Wildemans Neufassung einen prägenden Einfluß hatte. Ein Anstrich nach dem Erstbefund hätte das Windeckhaus in dieser Umgebung sicher völlig isoliert.[4] Daß einige Bürger in Münstereifel nun zu glauben scheinen, die Farbgebung des Windeckhauses orientiere sich an der ursprünglichen Fassung, ist sehr zu bedauern. Aber das ist kein Kriterium für die Bewertung der denkmalpflegerischen Leistung. Primärer Inhalt des denkmalpflegerischen Auftrags — um es noch einmal ganz deutlich zu sagen — ist ja nicht die Gestaltung, d. h. die Wahl einer bestimmten Fassung, sondern die Erhaltung, d. h. die Bestimmung eines Anstrichmaterials und einer Ausführungstechnik, die den Bestand der noch vorhandenen Farbreste und die weitere Existenz der gesamten Bausubstanz sichern.

Besonders schwierig ist die Aufgabe des Denkmalpflegers, wenn es darum geht, die originale Außenhaut überputzter Fachwerkbauten vor der Freilegungsmanie zu schützen. In entsprechenden Diskussionen wird häufig unterschieden zwischen Bauten, die von Anfang an für das Verputzen konzipiert (Abb. 8) und deshalb so zu erhalten seien, und solchen, die erst nachträglich verputzt wurden und deshalb freigelegt werden dürften. Hier zeigt sich noch das Argumentationsrepertoire des 19. Jahrhunderts. Als ob nur der Urzustand schützenswert und seine Wiederherstellung unser Anliegen wäre!

Meist ist die Substanz des Ursprungsgebäudes auch gar nicht mehr vollständig vorhanden. Rückführung wäre Vernichtung eines jüngeren Originals zugunsten einer Rekonstruktion ohne historischen Zeugniswert.

Das Verputzen war ja fast immer mit Umbauten, d. h. einer neuen Gestaltungskonzeption, verbunden. Die wichtigsten Änderungen waren in der Regel das Herausnehmen von Riegeln zur Vergrößerung der Fenster und die Einführung von Futter und Bekleidung als Übergang von der Putzfläche zum Fenster (Abb. 9), d. h. die gestalterische Imitation von Gewänden als Elementen des Stein- oder Putzbaus.

Die prägende Kraft dieser Gestaltungsmittel war so stark, daß sie bei der neueren Entfernung des Verputzes fast immer beibehalten und später sogar bei Neubauten übernommen wurden, die für Sichtfachwerk geplant waren. Dies ist um so bemerkenswerter, als diese Fensterumrahmungen ein konstruktiver Schwachpunkt und Gegenstand häufiger Reparaturen sind.

Sprechen Gründe der materiellen Substanzerhaltung der Oberflächen wie auch die formale Logik des Bestandes fast immer dafür, den Verputz zu erhalten, so spricht die angegriffene Substanz des Gefüges, die sich nur nach der Freilegung eingehend untersuchen und einwandfrei reparieren läßt, doch häufig dagegen. Solche Gefügeschäden werden vom Bauherrn gern als Argumentationshilfe benutzt, um zu verhindern, daß sein langgehegter Wunschtraum von der Fachwerkidylle zum Alptraum eines Putzbaus entartet. In Wirklichkeit muß der Putz aber nur selten vollständig entfernt werden, die

9 Linz, Fachwerkhäuser am Burgplatz
Die Freilegung der ursprünglich unverputzten und dann für eine überputzte Wandfläche umgestalteten Bauten (insbesondere links im Bild) macht die Disharmonie zwischen den vergrößerten Fenstern und dem Restfachwerk drastisch deutlich.

10 Verschiefertes Fachwerkhaus aus der 2. Hälfte des 18. Jhs. in Velbert-Langenberg

11 Giebelverkleidung mit Hohlpfannen in Mechernich-Satzvey

12 Fachwerkhaus mit Verschindelung in Alsfeld

13 Fachwerkhaus aus Bodenbach, Kreis Daun, mit strohverkleidetem Lehmputz, jetzt Freilichtmuseum Kommern

14 Fachwerkscheune in Reichshof-Oberagger mit vertikaler Verbretterung, die Stöße mit Leisten überdeckt

15 Wuppertal-Elberfeld, Brunnenstr. 35/37
Fachwerk mit straßenseitiger Holzverkleidung, die eine Steinquaderung imitiert

erhaltbaren Teile sind nur bei einer Wiederherstellung des Gesamten sinnvoll integrierbar.

Auch die vielfach angeführten technischen Gründe unter dem Stichwort Durchfeuchtungsschäden bilden kein Hindernis für die Erhaltung; ein gut reparierter Putz wird das Gefüge eher schützen als ihm schaden.

Putz ist zwar das ungeliebteste, aber längst nicht das einzige Verblendmaterial, das dem Klischee von der schönen Fachwerkoberfläche widerspricht. Am ehesten akzeptiert werden noch die weit verbreiteten Verschieferungen (Abb. 10), die sich in einigen Landschaften vom einfachen Witterungsschutz zum prägenden Element historischer Ensembles weiterentwickelt haben. Der Erhaltungsanspruch von Schieferverkleidungen ist prinzipiell kaum umstritten. Probleme gibt es aber gerade bei solchen Flächen, deren künstlerische Gestaltung bei der Reparatur besonderen handwerklichen und damit auch finanziellen Aufwand erfordert.

Bei den Flächen mit Ziegelverkleidungen (Abb. 11) liegt das Reparaturproblem eher in der Materialbeschaffung. Hohlziegel in der richtigen Größe sind nicht leicht zu bekommen.

Im Gegensatz zu Schiefer- und Ziegelverblendungen sind Verkleidungen aus Holzschindeln (Abb. 12) bereits so selten geworden, daß sie schon deshalb mit einem besonderen Interesse rechnen können. Dies gilt erst recht für die Rarität einer Außenbekleidung mit im Lehmputz verankertem Stroh (Abb. 13), einen Witterungsschutz, der für die Erhaltungspraxis der Denkmalpflege heute längst keine Rolle mehr spielt. Varianten der Holzverschalung (Abb. 14) sind dagegen noch häufig zu finden, im Rheinland besonders zahlreich im Bergischen und in der Nordeifel. Von ihren einfachen Grundformen, heute nicht zu Unrecht als historische Notlösung des Witterungsschutzes empfunden, hat sich die Holzverkleidung vor allem in den bergischen Großstädten im 19.

16 Wuppertal-Elberfeld, Brunnenstr. 35/37
Die Rückseite des Hauses zeigt die unverkleidete schlichte Fachwerkkonstruktion des ausgehenden 19. Jhs.

Jahrhundert zu einer beachtlichen Imitationsarchitektur weiterentwickelt. So gibt es etwa in Remscheid oder Wuppertal (Abb. 15 und 16) Häuserzeilen, deren anspruchsvolle Quaderung sich erst auf den zweiten Blick als Holzverschalung auf Fachwerk entpuppt. Die Ausführung in Zinkblech (Abb. 17) war allerdings eine Ausnahme, die wohl nur zustande kam, weil das Material an dieser Stelle besonders billig zur Verfügung stand.

Wie diese kleine Übersicht zeigt, hatte die moderne Kunststoffverkleidung Vorläufer von hoher Gestaltungsqualität. Es wird hier auch nicht annähernd möglich sein, die Erhaltungsprobleme aller Oberflächenvarianten zu erörtern. Um so wichtiger scheint der Hinweis auf die überlieferte Vielfalt, die unserer Fürsorge anvertraut ist.

Wie am Außenbau, sind auch im Inneren von Fachwerkbauten Oberflächen zu erhalten, die dem gängigen Klischee von der sichtbaren Holzstruktur in keiner Weise entsprechen. Die Entwicklung von der unbehandelten über die durchgängig gekälkte und differenziert bemalte Fläche bis zum Verputz aller Bauteile läßt sich im Rheinland nur noch an wenigen Beispielen ablesen. So ist vor allem die heute ungeliebte Kölner Decke (Abb. 18), im 18. und 19. Jahrhundert Standardausstattung in Fachwerkhäusern des Rheinlandes, seit Kriegsende bis auf wenige Beispiele vernichtet worden.

Unter den Widerständen gegen die Erhaltung ist sicher das mangelnde Wertbewußtsein für die geschichtliche Aussage der unterschiedlichen Oberflächen ein entscheidender Faktor. Dazu kommt ein Hang zum Perfektionismus, dem der akkurate, perfekt präparierte Ersatz allemal lieber ist als das hundertfach reparierte, vernarbte und schiefe Original. Wie weitgehend Denkmal-

17 Velbert-Langenberg
Fachwerkhaus des
späten 19. Jhs.
Quaderimitierende
Verkleidung und
Fensterumrahmung aus
Blech

verständnis heute ein Mißverständnis ist, zeigen die gutgemeinten Loblieder einer denkmalfreundlichen Presse, die stets positiv hervorhebt, daß sanierte Denkmäler in neuem Glanz erstrahlen.

Zumindest konkreter faßbar sind die technischen Probleme der Oberflächenerhaltung und ihr Zusammenhang mit den Anforderungen moderner Nutzung. Das inhomogene Gefüge von Fachwerkbauten war schon immer ein bautechnisches Problem. Die unterschiedlichen Temperaturdehnungen von Holz und Ausfachung sowie die mangelnde Flankenhaftung der unterschiedlichen Wandbaustoffe machen jedes Fachwerkhaus zu einem System programmierter Risse, das prinzipiell anfällig ist für Durchfeuchtungen und Substanzschäden in ihrem Gefolge. Die prinzipielle Schwäche wurde weitgehend kompensiert durch die positiven Eigenschaften der Materialien Holz, Lehm und Kalk, durch eine bewährte Handwerkstechnik sowie durch die Kleinteiligkeit der Konstruktion, die Baumängel weitgehend auf Einzelgefache beschränkte und Reparaturen erleichterte. Zudem trugen die früheren Nutzungsgepflogenheiten in Verbindung mit den baulichen Rahmenbedingungen auch wesentlich dazu bei, das Gefüge feuchtetechnisch zu entlasten.

Soweit überhaupt geheizt wurde, handelt es sich bis weit in das 20. Jahrhundert hinein überwiegend um Strahlungsheizungen, die Wand- und Deckenoberflächen nicht erst auf dem Umweg über die Luftkonvektion erreichten. Die Oberflächentemperaturen waren dadurch in Relation zur Raumluft höher als heute, was einer Durchfeuchtung entgegenwirkte. Die Wärmeerzeuger befanden sich in den Aufenthaltsräumen und verursach-

18 Bornheim-Waldorf, Haus Rodenkirchen
Erhaltene Kölner Decke des 17. Jhs.

ten durch die unmittelbare Verbindung mit Abgasführungen einen ständigen Austausch der Luft, der durch die undichten Fenster noch zusätzlich begünstigt wurde. So wurde ständig warme feuchte Luft abgeführt und durch solche mit geringerem Wassergehalt ersetzt. Günstig wirkte sich auch aus, daß neben dem Dampfdurchgang durch die Wände ein Feuchtetransport in den nicht ausgebauten Dachraum möglich war. Bei extremen Temperaturverhältnissen und hoher Raumluftfeuchte bestanden außerdem in den einfach verglasten Fenstern Sollkondensatflächen, an denen sich überschüssiger Wasserdampf niederschlagen konnte, ohne die Wände zu gefährden.

Die Anpassung historischer Fachwerkbauten an moderne Wohnstandards bedeutet in der Regel, daß die günstigen historischen Rahmenbedingungen für die Entlastung der Konstruktion entfallen. Dagegen entsteht durch die moderne Beheizung eine erhebliche zusätzliche Belastung. Die Vergrößerung des Temperaturgefälles zwischen innen und außen bewirkt nämlich nicht nur eine Verstärkung der Wärmebewegungen, die von den Baustoffen — also auch den Oberflächen — aufzunehmen sind, sondern auch eine Erhöhung des Dampfdruckgefälles und damit eine früher unübliche Feuchtebelastung von innen. Nach den bisherigen Erfahrungen werden diese zusätzlichen Belastungen verkraftet, wenn nicht gleichzeitig die dampfdurchlässigen historischen Wandbaustoffe Lehm, Kalkputz und Anstriche auf Kalk bzw. Leinölbasis durch dampfdichte moderne Ausfachungen, Putze und Anstriche ersetzt werden. Eine positive Rolle spielt auch die Dauerlüftung undichter historischer Fenster — auch Bestandteile der Oberflächen —, die bei Erneuerungen regelmäßig verloren geht.

Eine noch größere Bedeutung hat die Wärmedämmung. Bei der wichtigen Frage, ob dieser neue Bestandteil der Wand innen oder außen angebracht werden soll, entscheidet man sich heute regelmäßig für die bauphysikalisch schlechtere Innenlage, um die Außenansicht frei zu halten. (Fälle mit Außenverschalungen, die eine — wenn auch nicht verlustfreie — Außenmontage erlauben, sollen hier außer acht bleiben.) Die Innendämmung erlaubt, sieht man einmal von den unvermeidlichen Montageschäden ab, ja grundsätzlich die Erhaltung auch der Innenflächen. Leider wird diese Lösung aber meistens mit Baustoffen, Materialstärken und in einer Systematik realisiert, die längerfristig eine Zerstörung des Gefüges bewirken muß. Dies ist vor allem dann der Fall, wenn aus übertriebenem Energiespareifer die Dämmstoffe zu stark dimensioniert werden, wenn der moderne Standard einer inneren Dampfbremse auf das Fachwerk übertragen wird oder wenn die Oberflächen innen und außen moderne filmbildende Anstriche erhalten. In allen diesen Fällen kann die Wand langdauernd durchfeuchtet und dadurch die Substanz zerstört werden.

Grundlage dieser keineswegs theoretischen Überlegungen ist die bekannte Tatsache, daß warme Luft mehr Wasser (in Dampfform) aufnehmen kann als kalte. Zwischen warmer, wasserreicher Luft und kälterer Luft mit weniger Wassergehalt entsteht das sogenannte Dampfdruckgefälle. Es bewirkt, daß sich der Wasserdampf durch die Wandbaustoffe zur Seite des geringeren Druckes, d. h. im Winter zur kalten Außenseite, bewegt. Ist

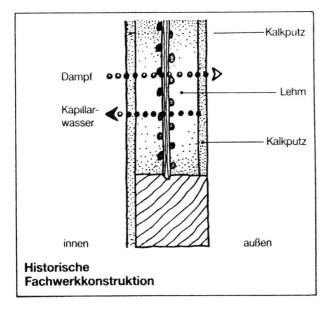

Historische Fachwerkkonstruktion

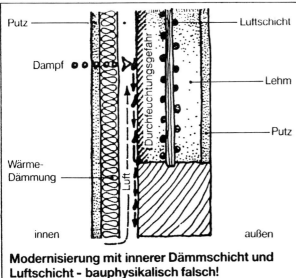

Modernisierung mit innerer Dämmschicht und Luftschicht - bauphysikalisch falsch!

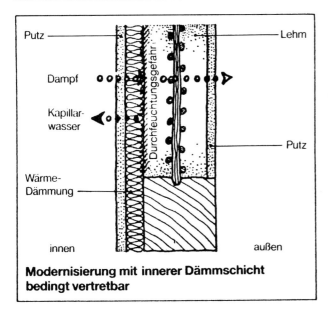

Modernisierung mit innerer Dämmschicht bedingt vertretbar

19 Gefährdung von Lehmfachwerk durch die Feuchtebelastung bei Einbau von Wärmedämmungen

die Abkühlung sehr stark, so kann der Dampf im Baustoff zu Wasser kondensieren. Dieses nun bewegt sich überwiegend umgekehrt zur warmen Seite der Wand, also nach innen und kann an der Oberfläche wieder abtrocknen. Die historischen Wandbaustoffe Strohlehm oder Ziegel, Kalkputz und Kalkanstriche sind so beschaffen, daß sie sowohl den Dampfdurchgang nach außen als auch den Rücktransport des in der Wand kondensierten Wassers nach innen ermöglichen. Dadurch bleiben Wände und Gefüge trocken, solange keine extremen Belastungen auftreten.

Weder für den Kalkputz noch für den Kalkanstrich gibt es einen modernen Ersatzbaustoff, der für diesen Mechanismus ähnlich positive Eigenschaften besitzt, ausgenommen Mineralfarbe. Entgegen den bewährten historischen Vorbildern lassen sich viele Bauherren von ahnungslosen oder gewissenlosen „Experten" dennoch immer wieder dazu überreden, ihr Fachwerk innen und außen mit Wasser- und dampfdichten Dispersionsfarben anscheinend perfekt wasserdicht zu versiegeln. Da im Anschlußbereich zwischen Holz und Ausfachung aber immer Risse auftreten, die sich auch mit den bekannten dauerelastischen Wundermitteln nicht dauerhaft abdichten lassen, dringt weiterhin Dampf von innen und Wasser von außen in die Wände ein. Diese unvermeidlichen Durchfeuchtungen — insbesondere bei starken Regenfällen — bleiben solange unproblematisch, wie die Wandkonstruktion, vor allem die Anstriche der Innen- und Außenhaut, eine schnelle Wiederabtrocknung ermöglichen. Bei ungeeigneten filmbildenden Kunststoffanstrichen kann diese Feuchtigkeit allerdings nicht schnell genug verdunsten. So sind die Schäden programmiert. Daß dabei auch der Baustoff der Ausfachung nicht gleichgültig ist, sei nur am Rande erwähnt. Nicht jeder Stoff kann nach einer Durchfeuchtung auch wieder schnell trocknen. Nur kapillare Baustoffe gewährleisten einen entsprechend guten Wasserrücktransport nach innen oder außen und damit ein schnelles Abtrocknen, wie beispielsweise der Ziegel. Die wegen ihrer bequemen Verarbeitbarkeit besonders beliebten Gasbetonsteine sind dagegen als Baustoff für Fachwerk sehr problematisch. Aufgrund ihrer porigen Struktur nehmen sie sehr leicht Wasser auf. Da ihnen aber die Kapillaren fehlen, benötigen sie für die Wasserabgabe zehnmal so viel Zeit, wie für die Aufnahme.

Die innere Wärmedämmung ist deswegen besonders problematisch für die Substanz, weil sie die eigentliche Wand kühl hält, d. h. die Kondensation verstärkt (Abb. 19). Um das zu verhindern, wird meistens eine innere Dampfbremse empfohlen, ein fataler Fehler, denn die Dampfbremse hat an Boden und Decke Lücken, die sie zu einer Feuchtigkeitsfalle machen. Das heißt, die Dampfbremse kann das Eindringen von Feuchtigkeit in die Wand nicht verhindern, sie verhindert aber die Abtrocknung und bewirkt damit schwere Durchfeuchtungsschäden. Eine ähnliche Wirkung wie ungeeignete Anstriche und Dampfbremsen haben auch Fliesen an der Innen- oder Außenseite von Außenwänden. Ja selbst größere Klebeflächen an den Holzteilen können sich bereits nachteilig auswirken, wie Beispiele in der Praxis zeigen.

Schließlich verdient auch noch die scheinbar so intelligente Variante mit einer von der Raumluft hinterspülten Innendämmung eine Würdigung. Diese Lösung läßt außer acht, daß die Außenwand bei winterlichen Temperaturen durch die Dämmung ja selbst kalt bleibt. Wird diese kalte Wandfläche von der warmen Innenluft bestrichen, so entsteht reichlich Kondensat. Schimmelbildung und baldige Zerstörung der Oberflächen sind die logischen Folgen.

Dämmung von Fachwerkbauten bildet für die Substanz immer eine zusätzliche Belastung. Die Auswahl der Baustoffe sollte sich daher nicht an den optimalen Dämmwerten orientieren, sondern an dem weitestgehenden Schutz der Konstruktion vor zerstörerischer Durchfeuchtung. Dabei ist die Fähigkeit zu Dampfdiffusion und Wassertransport von ausschlaggebender Bedeutung. Faserdämmstoffe wie Mineralwolle- oder Glaswollmatten sind für die Dämmung von Fachwerkbauten deshalb schlecht geeignet, weil ihnen die Fähigkeit zum Wassertransport fehlt. Eine gute Wassertransportfähigkeit besitzen dagegen Holzwolle- Leichtbauplatten, die allerdings so montiert werden müssen, daß keinerlei Hohlräume zwischen Wand- und Dämmplatte entstehen. Bei der Dimensionierung der Dämmplatten ist zu bedenken, daß die Belastung der Holzkonstruktion durch kondensierenden Dampf mit der Stärke des Dämmstoffes rasch zunimmt. Bereits bei einer nur 2,5 cm starken inneren Dämmung mit einer Holzwolle- Leichtbauplatte auf der Innenseite einer durchschnittlichen Lehmausfachung ergibt sich rechnerisch (nach DIN 4108) ein winterlicher Wasserausfall von fast 400 g je qm Wandfläche. Bei nicht wasseraufnahmefähigen Schichten wie Faserdämmstoffen, wird mit einer Materialstärke von 2,5 cm sogar schon der nach der Norm maximal zulässige Wasserausfall von 500 g je qm Wandfläche in der Frostperiode überschritten. Mit 5 cm Dämmstoff der üblichen Kunststoffschäume errechnet sich schließlich eine winterliche Kondensatmenge (von mehr als einem Liter je qm Wandfläche), die auch über den für wasseraufnahmefähige Schichten festgelegten Normenwert hinausgeht. Dämmungen werden mithin umso weniger schaden, je schwächer sie bemessen sind. Wo das Risiko einer nachträglichen Dämmung im Interesse einer besseren Bewohnbarkeit dennoch hingenommen werden muß, ist es deshalb umso wichtiger, die bautechnischen Randbedingungen durch die Anwendung erprobter historischer Handwerkstechniken so günstig wie möglich zu gestalten. Daß dies von sogenannten Fachleuten nicht immer richtig gesehen und von Handwerkern vielfach nicht mehr richtig beherrscht wird, ist sicher die größte Gefahr für den Bestand.

Anmerkungen

1 Theodor Wildeman, Die Instandsetzung von Fachwerkbauten. Ihre Freilegung und farbige Behandlung. Auffassungen, Wege und Ziele. In: Jahrbuch der Rheinischen Denkmalpflege VII, 1931 S. 63 ff.
2 Jörg Schulze, Das Haus „Zum Tannenbaum" in Siegburg. Instandsetzung und Restaurierung. In: Jahrbuch der Rheinischen Denkmalpflege 30/31, 1985 S. 363 ff.
3 Wie Anm. 1 S. 69.
4 Wolfgang Zahn, Instandsetzungsbericht über das Haus Orchheimer Straße 23, Windeckhaus, in Bad Münstereifel. In: Jahrbuch der Rheinischen Denkmalpflege 30/31, 1985 S. 392 ff.

Abbildungsnachweis

Abb. 1, 2, 6, 8—19 Jörg Schulze, Rheinisches Amt für Denkmalpflege
Abb. 3 Michael Thuns, Rheinisches Amt für Denkmalpflege
Abb. 4 Klaus Lieven, Rheinisches Amt für Denkmalpflege
Abb. 5 Theodor Wildeman, Rheinisches Amt für Denkmalpflege, Repro nach Zeichnung von 1919. In: Jahrbuch der Rheinischen Denkmalpflege VII/1931 S. 69.
Abb. 7 Heinz Stuckenbröker, Rheinisches Amt für Denkmalpflege

Zur Farbigkeit und Oberflächengestaltung des Fachwerks

G. Ulrich Großmann

Das Westfälische Freilichtmuseum in Detmold hat seit 1973 im Rahmen der Untersuchungen zur Übernahme von Fachwerkbauten begonnen, die Farbigkeit dieser Häuser zu erforschen und zu dokumentieren. Untersuchungen konnten am Schönhof aus Wiedenbrück (jetzt Freilichtmuseum Detmold A 24),[3] dessen Saal über eine bedeutende spätbarocke Ausmalung verfügt, am Hause Segering-Hidding aus Dortmund-Brackel (jetzt Freilichtmuseum Detmold H 1)[3] und am Haus Reesing aus Borken-Rhedebrügge (jetzt Freilichtmuseum Detmold J 1)[3] vorgenommen werden. Angesichts enormer Forschungslücken beschränkte sich die Arbeit in diesen Jahren auf die Sicherstellung von Befunden bei Ab- und Wiederaufbauten; seit Ende der 70er Jahre konnten einige Vergleichsobjekte hinzugezogen werden (Abb. 1).

Das Rahmenthema dieser Publikation ist jedoch nicht allein der Farbigkeit, sondern der Oberflächenbehandlung allgemein gewidmet worden. Sowohl die Befunde an städtischen Gebäuden des Mittelalters wie auch jene an ländlichen der Neuzeit lehren, daß Fachwerk nicht grundsätzlich farbig gefaßt gewesen sein muß, wie man dies in der Forschungseuphorie vor einigen Jahren vielleicht angenommen hätte. Dennoch aber hat das Fachwerkhaus natürlich eine Oberfläche, die sich uns in irgend einer Form präsentiert. Dies ist zunächst einmal die Oberfläche des Materials, also des Holzwerks oder der Ausfachung. Das Thema Ausfachung kann zunächst ausgespart werden, zumal darüber im erheblichen Umfang die Publikation Lehm im Fachwerkbau[1] informiert. Gewiß gäbe es gerade über die Oberfläche des den Lehm abschließenden Kalkputzes sehr viel zu sagen, denn hier bestehen noch erhebliche Kenntnislücken.

Zuwenden wollen wir uns hier jedoch der Holzoberfläche selbst. Bei dieser gilt sehr oft die Meinung, daß altes Eichenholz mit dem Beil bearbeitet worden ist und übrigens gerade deshalb besonders gut erhalten sein soll.

Bei den Restaurierungen wird daher oft und gerne darauf gedrungen, daß neues Holz dementsprechend eine bebeilte Oberfläche erhalten solle, um es dem Erscheinungsbild des alten Holzes möglichst gut anzupassen. In der Tat gibt es zahlreiche Möglichkeiten, die Beilspuren am Fachwerkhaus zu sehen: Stuhlsäulen im Dachwerk, Sparrenkehlbalken und Dachbalken wenigstens an ein oder zwei Seiten und bei der Sanierung zu Tage tretende Ständer, Riegel und Streben an der Innenseite zeigen nicht selten die Spuren des Beiles. Gerade am Außenbau suchen wir jedoch in vielen Teilen der deutschen Fachwerkgegenden Beilspuren vergeblich: Diese Seiten des Fachwerkhauses haben gesägte Oberflächen der Hölzer.[2] Dies ergibt sich aus der Notwendigkeit, das Eichenholz optimal zu nutzen. Bei der Gewinnung von Halb- und Viertelhölzern ist das Durchtrennen des Stammes mit der Säge nötig, dies gilt ebenso für das Abschneiden von Bohlen und Schwarten. Die so gewonnene glatte Oberfläche des Holzes wurde spätestens seit dem 16. Jahrhundert zumindest in Westfalen, Hessen, Niedersachsen, Unterfranken und wohl auch Teilen des Rheinlandes zur Bundseite bzw. zur Außenseite des Fachwerkhauses gestellt. Das Bebeilen von Hölzern bei Häusern dieser Zeit als Restaurierungsmaßnahme wäre demzufolge falsch.

Die Untersuchungen des Westfälischen Freilichtmuseums Detmold zur Farbigkeit haben zum Ziel, für alle westfälischen Regionen im Bereich des ländlichen wie des städtischen Bauens Aussagen über die Außen- und Innenfarbigkeit der Bausubstanz treffen zu können, soweit es sich nicht um kirchliche oder herrschaftliche Architektur handelt. Vorrang haben dabei zunächst jene Gebiete, aus denen im Westfälischen Freilichtmuseum derzeit Häuser aufgebaut werden, bzw. die im Bau befindlichen Häuser selbst. Doch haben schon die ersten Befunde bewiesen, daß es unbedingt nötig ist, Vergleichsbauten aus der Region zur Relativierung bzw. Ergänzung heranzuziehen.

Von ländlichen Bauten Westfalens liegen im Freilichtmuseum Detmold Gesamt- oder Einzelbefunde vom Außenbau von etwa 15 Häusern und Innenbefunde von insgesamt rund 60 Gebäuden vor (Stand: Oktober 1986).

Eine wesentliche Ergänzung zu den Außenbefunden ist ein barockes Wandgemälde, das sich im Schloß Vinsebeck (Kr. Höxter) befindet (Abb. 2).

Es entstand zur Bauzeit des Schlosses, 1720, und zeigt das Schloß und das Dorf offensichtlich in ihrer damaligen Erscheinung. Das Schloß selbst ist in blaugrauer Farbgebung dargestellt, wie sie bei der jüngsten Restaurierung bestätigt und wiederhergestellt wurde. Die Bauernhäuser tragen hingegen keine Spuren von Farbigkeit, vielmehr erkennt der Bildbetrachter ungestrichenes Holzwerk und unverputzte Lehmausfachungen in ockerbrauner Materialfarbe. Da offensichtlich das Bild ein sehr genaues Abbild des Dorfes ist (Blickrichtung, Schloß und angrenzende noch erhaltene Gebäude entsprechen der heutigen Dorfsituation) ist auch die getreue Wiedergabe der Bauernhäuser wahrscheinlich. Mit diesem Befund deckt sich der Umstand, daß die ältesten vorgefundenen Farbfassungen an den Häusern Hof Henke, Ostentrop (Kr. Olpe, im Freilichtmuseum Detmold C 1),[3] Ackerbürgerhaus Mittlere Straße 11 in Holzminden (Kr. Holzminden, jetzt Freilichtmuseum Detmold A 60),[3] Haus Moven, Bruchhausen (Kr. Höxter, im Freilichtmuseum Detmold A 20),[3] Bauerschaftsschule Thöningsen (Kr. Soest, im Freilichtmuseum Detmold H 6);[3] und Haus Westkamp, Neuenheerse (Kr. Höxter, im Freilichtmuseum Detmold A 35),[3] Bauten aus dem frühen 17. Jahrhundert bis zum frühen 19. Jahrhundert, offensichtlich kaum über das 19. Jahrhundert (bei den jüngeren Beispielen nicht einmal über die Mitte des 19. Jahrhunderts) hinaus zurückreichen. Was das Holzwerk betrifft, konnten zudem sehr oft nur Brauntöne festgestellt werden.

1 Beverungen (Kreis Höxter), Haus Ollmer, Lange Str. 17
klassizistische marmorierende Farbfassung

(Eine Ausnahme war das schon genannte Haus Stahl in Gütersloh.) Ein der Zeit um 1800 zuzurechnender Befund einer blaugrauen „Begleiterfassung" konnte jetzt in Feuerbach (Kreis Siegen-Wittgenstein) festgestellt werden (Abb. 3). Braun gestrichenes Fachwerk hatte auch das Haupthaus Segering-Hidding aus Brackel (Stadt Dortmund; die für Ruhrgebiet und Sauerland angeblich so typische schwarze Anstrichfarbe auf dem Holz ist an diesem Haus erst ein verhältnismäßig junger Anstrich. Dasselbe gilt für das Haus Krottorfer Straße 6 in Freudenberg (Kr. Siegen-Wittgenstein).[4] Im östlichen Münsterland ist für die Zeit um 1900 eine sehr charakteristische Farbgebung festzustellen. Hier sind die Hölzer braun bestrichen und die backsteingemauerten Ausfachungen rot geschlämmt, jedoch zumeist ohne eine Betonung des Fugenstriches. Die eigentliche Materialfarbigkeit wird durch diese Färbelung noch unterstrichen und vereinheitlicht. Besondere Fassadenbefunde sind bisher von kleinen ländlichen Nebenbauten erforscht, darunter zwei Kapellen. Die Prozessionskapelle in Westenholz (Kr. Paderborn, A 80) hatte im ältesten Zustand rot bemalte Hölzer, die ursprünglichen Gefache konnten wegen eines frühen Umbaues allerdings nicht mehr dokumentiert werden. Im 19. oder frühen 20. Jahrhundert wurden die Hölzer braun gestrichen und die Ausfachungen aus Backstein in rotbrauner Farbe gefaßt und mit aufgemalten Fugen betont. Die Hofkapelle des Westersporckhofes in Westerwiehe (Kr. Paderborn, im Freilichtmuseum Detmold A 17)[3] ist zu einem nicht genau bestimmbaren Zeitpunkt (wohl im 19. Jahrhundert) rot gefaßt worden. Zuvor besaßen vielleicht nur die Schnitzereien Farbfassungen; ob das Holzwerk

vor dem 19. Jahrhundert schon rot oder aber noch ungefaßt war, ließ sich nicht mehr feststellen. Die Ornamente hatte man mit Smalte blaugrau, später auch mit Eisenoxid (Terra di Siena) gelblich sowie rot, braun, weiß und schwarz gestrichen. Buntfarbigkeit ist für die Gefache im 19. und 20. Jahrhundert belegt, ohne eine genaue zeitliche Differenzierung geben zu können. Die wohl im frühen 19. Jahrhundert erneuerten Gefache an der Traufseite des Hauses Denkmalstraße 33 in Heiligenkirchen (Kr. Lippe) weisen bis zu 25 Farbschichten auf, die von jüngeren Blau- über ältere Braun- bis zu Beige- und Gelbschichten reichen. In dieser Phase scheint jedoch Holzwerk und Ausfachung farblich strikt getrennt gewesen zu sein.

Buntfarbige Gefache sind auch in Börnig (Kr. Herne), Haupthaus des Hofes Werth, ferner an der Töpferei Hehemann aus Gellenbeck (Kr. Osnabrück, im Freilichtmuseum Detmold O 9),[3] in Isingdorf (Kr. Gütersloh) an den Backhäusern und Speichern der Höfe Bahnbrede 12 und Schwarzer Weg 64 (jetzt Bauernhausmuseum Bielefeld), am Gartenhaus des Gutes Maygadessen in Godelheim (Kr. Höxter, im Freilichtmuseum Detmold A 25)[3] und in Freudenberg, Krottorfer Straße 6 zu belegen. Die häufigsten Farbtöne des 19. Jahrhunderts sind dabei blau und grau in allen Farbabstufungen.

Innenbefunde

Spätmittelalterliche Befunde aus dem Hausinnern fehlen bislang. Die ältesten untersuchten Farbfassungen gehö-

2 Vinsebeck (Kreis Höxter), Schloß
Wandbild mit Darstellung des Dorfes Vinsebeck, 1720

3 Feuerbach (Kreis Siegen-Wittgenstein), Haus 381 von 1757
blaugraue Farbfassung auf Holz und Gefachrand, um 1800

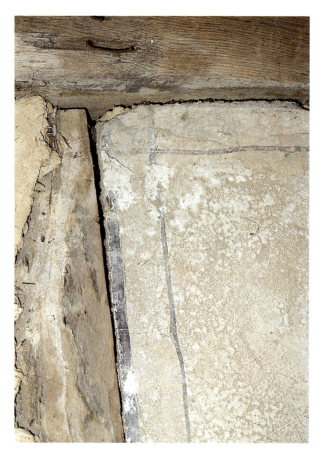

4 Lemgo, Turmstube auf St. Nikolai
blaugraue Begleiter-Farbfassung, 17. Jahrhundert

ren dem 16. Jahrhundert an. Hier sind zunächst Lehmgefache mit Verrußungen bzw. schwarz gestrichenen Ausfachungen zu nennen. Teilweise handelt es sich also um unverputzte Gefache, die sozusagen eine Rohbaufassung darstellen und im Laufe der Zeit verrußt sind (z. B. Dachwerk-Innenwände in Höxter, Westerbachstraße 26 und 28), teilweise hat man solche Ausfachungen von vornherein mit einer Rußfarbe versehen. Beispiel für letzteres ist eine Kammer im Obergeschoß des 1651 errichteten Hauses Moven in Bruchhausen (Kr. Höxter).

Für das 16. und 17. Jahrhundert sind in Westfalen vereinzelt farbige Innenfassungen nachgewiesen, wie sie aus Mittel- und Süddeutschland, aber auch aus Braunschweig[5] in großer Zahl überliefert sind: Es handelt sich um „Begleiterfassungen", bei denen die auf das Holz gestrichene Farbigkeit in das Gefach verbreitert wird („Randstreifen"), um die Breite des Holzes optisch zu vergrößern. Teilweise wird mit etwas Abstand ein zweiter Strich in gleicher oder anderer Farbigkeit als Rahmung in das Gefach gesetzt, der „Begleiter". Westfälische Beispiele sind die Innenwände des Hauses Außel bei Wiedenbrück (Kr. Gütersloh), 1580, die diese Fassung in sehr aufwendiger Weise zeigen, ferner die Türmerstube (Abb. 4) im Nordturm von St. Nikolai in Lemgo (wohl 17. Jahrhundert),[6] die Trennwand des 17. Jahrhunderts im Saalteil des Hauses Mittelstraße 89 in Lemgo,[7] der Speicher Grotendiek in Oesterwiehe (Kr. Paderborn), das Haus Exterstraße 5 in Detmold, das Haus Westerbachstraße 35 in Höxter (1581d) und das Schloß Bevern (Kr. Holzminden, 1612).[8] Die Beispiele gehören dem 16. und 17. Jahrhundert an und sind durch nachträglich zumeist relativ oder absolut datierte Umbauten zeitlich klar eingrenzbar.

5 Oesterwiehe (Kreis Gütersloh), Speicher Grotendiek
Begleiter-Farbfassung, 1662

Das Lemgoer Haus Mittelstraße 89 hatte an den älteren Steinwänden des Saales zunächst rußig-blaugraue, dann mehrere rotbraune Anstriche erhalten, die frühesten stammen vielleicht noch aus dem 16. Jahrhundert. Bei Einbau der Fachwerktrennwand im Saal war diese mit der genannten Begleiterfarbfassung, nämlich mit schwarzem Randstreifen und schwarzem Begleiter versehen und ein Riegel über der Tür auf die Wand gemalt worden. Diese Bemalung scheint in Lemgo häufiger vorgekommen zu sein und mit dem vermehrten Einbau von Fachwerkwänden in den zunächst massiv gebauten Häusern zusammenzuhängen.[9]

Das Haus Exterstraße 5 in Detmold zeigte an der Innenseite einer Traufwand im Dielenbereich blaugrauen Randstreifen sowie schwarze Begleiter seitlich eines Riegels, in einem Gefach zwischen zwei Deckenbalken derselben Wand sowie in den Gefachen des von der Diele aus nicht abgeteilten Küchenbereichs zwei Schichten schwarzer Randstreifen. Die Farbgebung des Holzes ist jeweils in gleichem Farbton gehalten. Der Schwarzbefund konnte durch chemische Analyse (Dr. H. Kühn, München) als Ruß identifiziert werden (keine Verrußung, sondern Anstrich, als Bindemittel diente Kasein unter Zusatz von Öl) und muß den Umbauten zufolge in beiden Schichten vor einem Umbau von 1775 (d), die ältere Schicht also wohl zur Bauzeit des Hauses 1676 (d) entstanden sein; die im gleichen System gehaltene blaugraue Farbfassung war bis zur Probenentnahme der Sanierung zum Opfer gefallen, so daß weitere Untersuchungen verhindert wurden. Schwarz gestrichen waren im ältesten Zustand des Hauses auch die über der Diele ausgelegten Dielenbretter an der Unterseite. Der blaugraue Befund findet eine Entsprechung im Speicher in Osterwiehe, 1660 (i) erbaut und 1662 (i) ausgemalt.[10] Hier sind die Hölzer in blaugrauem Grundton gehalten und Randstreifen in diesem Farbton in die Gefache hineingezogen, die sich teilweise zu rundbogigen kleinen Arkaden zusammenschließen (Abb. 5). Zur Abgrenzung gegenüber der weißen Gefachfarbe dienen dünne schwarze Begleiterstriche. Die Dielenbretter über dem Obergeschoß sind blaugrau und weiß verziert, wobei neben einfachen Ornamenten auch das Christusmonogramm zu finden ist. Die Ausmalung ist äußerst repräsentativ und spricht nicht dafür, daß man es hier mit einem Lagerraum zu tun hat, sei es auch einer für das wertvolle Korn und Saatgut.

Ein weiterer, bereits publizierter[11] Befund für Begleiterfarbigkeit ist aus Hattingen zu nennen. Dort enthielt der Saal bei schwarzer Holzbemalung einen schwarzen Randstreifen und hellgraue Ausfachungen. Auch diese Farbfassung ist inschriftlich datiert (1682).

Als Außenfassung konnten Begleiterfassungen in Ostwestfalen nicht nachgewiesen werden. Lediglich im Siegerland zeigen Häuser wie zur Silbermühle 10/12 in Kredenbach und Haus 381 in Feuersbach schwarze bzw. blaugraue Begleiterfassungen — hier dürfte der unmittelbare Einfluß des benachbarten oberhessischen Raumes vorausgesetzt werden.

Mehrere Begleiterfassungen werden durch Ornamente ergänzt, die teils in Formen der Renaissance, teils in solchen des Barock gehalten sind. (Noch etwas älter ist die Farbfassung an der Unterseite der Bohlen über der Diele des Hauses Markt 15 in Warendorf. Dort sind Sternchen auf blauen Grund gemalt, Anfang 16. Jahrhundert.) Besonders deutlich und umfangreich sind die ornamen-

6 Bruchhausen (Kreis Höxter), Haus Moven
braune sowie ockergelbe Farbfassung des 18. oder frühen 19. Jahrhunderts in der Diele

7 Harsewinkel (Kreis Gütersloh), Hof Stövesand
marmorierende Quaderfassung an den Ständern der Küche
(Flett)

talen Fassungen beim Haus Außel.[12] Die Deckenbalken zeigen an den Seiten verschlungene Wellenranken und an den Unterseiten der Bohlen finden sich über dem Obergeschoß geometrische Muster, letztere teilweise recht buntfarbig. Unabhängig von Begleiterfassungen gibt es solche Ausmalungen auch an den Deckenbalken des Nordflügels in Schloß Brake (Kr. Lippe, 1584—92), hier handelt es sich um Akanthus- und Astwerk-Ranken in blaugrau, schwarz und weiß, und an der Rathausdecke in Burgsteinfurt, nämlich geometrische Muster an den Bohlen und Zickzack- und Schlangenlinien an den Balken. Diese repräsentativen Malereien finden sich nach bisherigen Befunden zumeist an ausgesprochen herrschaftlichen Gebäuden, vom gehobenen Bürgerhaus bis zum Schloß.

Die einfache Farbfassung im späten 17. und 18. Jahrhundert hatte bei den wenigen bisher untersuchten Beispielen im Kontrast zu braunen, schwarzen oder ungestrichenen Hölzern Ausfachungen mit rußfarbenen Anstrichen bzw. rotbraunen und braunen Farbtönen (Bruchhausen, Kr. Höxter (Abb. 6), Stahle Kr. Höxter; Heiligenkirchen Kr. Lippe; Feudingen Kr. Siegen-Wittgenstein) zeitlich dicht gefolgt von roten (Bruchhausen) oder ockerfarbenen Anstrichen in den Gefachen (Grohnde Nr. 2, Kr. Hameln-Pyrmont,[13] im Freilichtmuseum Detmold A 14, Stahle). Die zugehörigen Raumdecken sind in mehreren Beispielen weiß gestrichen worden, allenfalls mit einem leichten Graustich (Bruchhausen, Haus Moven, im Freilichtmuseum Detmold A 20, Stube), teilweise sind die Decken noch unverputzt geblieben und als Raumabschluß diente somit die Unterseite der Fußbodendielen vom Obergeschoß (Gütersloh, Haus Stahl, im Freilichtmuseum Detmold A 28),[3] gelegentlich kommt auch das farbige Anstreichen der Deckengefache vor, so in Feudingen (Kr. Siegen-Wittgenstein) beim Haus Brunnenweg 6 aus der Mitte des 18. Jahrhunderts, Umbau um 1820, mit rötlichgrauer Farbe als ältester Schicht.

Von einigen Häusern höherer ländlicher und kleinstädtischer Sozialschichten kennen wir aus dem späten 18. Jahrhundert besondere Farbgebungen. Das berühmteste Beispiel ist die Ausmalung des Saales im Schönhof aus Wiedenbrück (im Westfälischen Freilichtmuseum Detmold A 24). Der Saal hat 1796 eine Wandbemalung aus gemalten Pilastern mit ionischen Kapitellen und Wandfeldern mit Zopfdekoration und Medaillons in Grisaillemalerei erhalten, dazu einen zopf-dekorierten Sokkel (etwas später marmorierend übermalt) und eine zopf-dekorierte Kehle als Übergang zu einer zwanzig bis dreißig Jahre älteren Deckenbemalung, die noch Rokokoformen zeigt.

Das Flett des Haupthauses vom Hof Stövesand in Harsewinkel (Kr. Gütersloh) erhielt beim Bau 1789 oder wenig später über einer schwarzen Grundierung (oder einer schwarzen älteren Schicht auf den Hölzern) auf den oberen zwei Dritteln der Wand eine gelblich-beige Übermalung, durch die die Wand in eine schwarze Sockelzone und eine hellere obere Zone getrennt wurden. Auf diese Grundfarbe trug man eine großteilige Quadermalerei in weißer und — leicht versetzt — roter Farbe auf, so daß der Eindruck einer Quadrierung der Wand entstanden sein muß (Abb. 7). Aufgrund dieser Quadrierung läßt sich erschließen, daß nicht nur die Hölzer, sondern auch die Ausfachung gestrichen war, also die gesamte Wand einheitlich gewesen sein muß (die Ausfachung ging bei einem jüngeren Umbau verloren, die erhaltene Ausfachung zeigte ihrerseits aber noch 19 Farbschichten). Zusätzlich zu dieser Quadermalerei wurde noch eine Feinstruktur aufgemalt, die den Quadern das Aussehen von Marmor geben sollte. Hierzu wählte man die Farbtöne rötlichocker und blau. Diese Farbschicht fand sich an allen Wänden des Fletts einschließlich des Rauchfanges. Sie widerspricht der traditionellen Forschungsmeinung über die Gestaltung bäuerlicher Küchenräume (Flett) erheblich.

Das Haus Ollmer, Langestr. 17 in Beverungen (Kreis Höxter), konnte vor dem Abbruch durch das Freilichtmuseum untersucht und dokumentiert werden. Es ist ein zweigeschossiges fünfachsiges spätbarockes Mittelflurhaus mit ausgebautem Dachgeschoß; die Traufenseiten in freiliegendem Fachwerk und die mit Halb-Walm versehenen Vordergiebelseite mit verputztem Fachwerk konstruiert (Abb. 8). Im vorderen Raum auf der linken Seite des Mittelflures ließ sich unter modernen Fliesen und Tapeten (der Raum diente zuletzt als Metzgerei) die offensichtlich der Bauzeit angehörende Wand- und Deckendekoration feststellen: Oberhalb der Türen umzog den Raum ein etwa 1,30 hoher Fries (Abb. 9), über den in rötlich-grauer Grundfarbe einzelne Felder, Kassetten, abgeteilt waren, die mit Girlanden und Vasen in Formen des „Zopfstiles" gefüllt waren, also einer für den Übergang vom Spätbarock zum Klassizismus typischen Dekoration (Abb. 10). Die Decke hatte an zentraler Stelle eine Rosette erhalten, die frühklassizistischen Stuckro-

8 Beverungen (Kreis Höxter), Haus Ollmer, Lange Str. 17
Vordergiebelseite mit verputztem Fachwerk

setten entsprach und bei der es sich um eine von einem Mäander umgebene Blüte handelt. — Farbfassungen wie die im Haus Ollmer in Beverungen und im Schönhof in Wiedenbrück gehören in den Bereich hoher und höchster Sozialschichten innerhalb der Kleinstadt bzw. des Dorfes. Selbst wenn man die Befunde opulenter Farbfassungen in Bauernhäusern mitberücksichtigt, wie im Hof Stöwesand in Harsewinkel, lassen sich hieraus kaum Erkenntnisse über die Farbfassung eines durchschnittlichen Hauses in Stadt und Land gewinnen. Solche Gebäude hatten, wie dargestellt wurde, in der Regel monochrome Farbfassungen ohne besondere Ornamentalgestaltungen.

Als Weiterentwicklung dieser monochromen Farbfassungen des 18. Jahrhunderts sind die unterschiedlichen Typen von Farbigkeit im 19. Jahrhundert zu sehen. Verschiedentlich hat man die Anstriche mit einfachen Mitteln etwas aufwendiger gestaltet, beispielsweise durch Quadrierung, durch Schablonen oder — später — durch Rollmuster. In Detmold konnte im Haus Hornsche Str. 3 der Befund einer Quadermalerei auf ockerfarbenem Grund gemacht werden, diese Farbfassung befand sich dort im Treppenhaus des zweigeschossigen klassizistischen Gebäudes. Die Farbschicht gehörte vermutlich der Mitte oder dem dritten Viertel des 19. Jahrhunderts an, denn unter dieser Quadermalerei saßen noch drei ocker-gelbe bis bräunliche Schichten. Ähnliche Befunde ergaben sich im Haus Exterstraße 5 in Detmold, dort mit Quadermalerei auf rotbraunem Grund (Abb. 11), sowie im Haupthaus des Hofes Fuchtmann, Im Vechtel 33 in Harsewinkel (Kreis Gütersloh). Dort war über mehreren älteren Schichten auf gelbem Grund eine Quadermalerei aufgelegt worden, die — in brauner Grundfarbe und blauer Quaderung auch am Kamingewände sitzend — in die zweite Hälfte des 19. Jahrhunderts zu datieren sein dürfte. Der Mitte des 19. Jahrhunderts gehört schließlich auch die blau-graue Quadermalerei im Treppenbereich des Hauses Krottorfer Str. 6 in Freudenberg (Kreis Siegen-Wittgenstein) an.

In aller Regel ist die Wandfläche mit einer Grundfarbe

9 Beverungen (Kreis Höxter), Haus Ollmer, Lange Str. Nr. 17
Wandfries im Erdgeschoß

10 Beverungen (Kreis Höxter), Haus Ollmer, Lange Str. 17
Detail Wandfries im Erdgeschoß

gestrichen, von der sich der Sockel und eine schmale Kopfzone abgesetzt haben. Die Kopfzone stellt die Farbigkeit der Decke dar, die fast immer in den Wohnräumen um einige Zentimeter auf die Wand heruntergezogen ist. Die bevorzugten Wandfarben sind in der ersten Hälfte des 19. Jahrhunderts weiß, gelb, ocker, beige und grau. Hier handelt es sich um helle und lichte Farben, wie sie schon im 18. Jahrhundert festzustellen waren und aus der barocken Tradition zu erklären sind. Gelegentlich finden auch kräftige Braun- und Rottöne Anwendung (z. B. Stahle, Heinser Str. 31, Kreis Höxter, Grohnde, Haus 2, Kreis Hameln-Pyrmont). Erst in den jüngeren Schichten, die sich in der Regel ab der Mitte des 19. Jahrhunderts und in der zweiten Jahrhunderthälfte feststellen lassen, treten kräftige Farben bevorzugt auf, so türkis, grau, gelegentlich noch immer gelb, vor allem aber blau. Diese blaue Farbe nimmt einen besonderen Stellenwert ein. Manchmal läßt sie sich nur in wenigen Schichten, bei anderen Gebäuden in mehr als 10 Schichten feststellen und zwar sowohl in Fluren und Dielen, in Ställen (hier allerdings seltener), in Küchen, Stuben und Sälen, in Nebenkammern und Kellerräumen. Die Belege für Blauschichten sind u. a. Befunde in Bruchhausen, Haus Moven (Kreis Höxter; Burgsteinfurt, Löffelstr. 14 und Drepsenhoek 6 (Kreis Steinfurt), Capelle, Sandstr. 10 (Kreis Coesfeld), Detmold, Feudingen, Brunnenweg 6 (Kreis Siegen-Wittgenstein), Grohnde, Haus 2 (Kreis Hameln-Pyrmont, A 14), Gütersloh, Haus Stahl, Harsewinkel, Hof Stövesand und Hof Fuchtmann (Kreis Gütersloh), Heiligenkirchen, Denkmalstr. 33 (Kreis Lippe), Höxter, Westerbachstr. 35, Laer, Hof Schulze-Welling (Kreis Steinfurt), Oeding, Kotten Engering (Kreis Borken), Stahle, Backhaus Heinser

11   Detmold, Exterstr. 5,
Quaderfarbfassung aus dem 19. Jahrhundert in einem Wohnraum im Obergeschoß

12   Telgte (Kreis Warendorf), Königstr. 35
blaue Farbfassung des späten 19. Jahrhunderts im Flur

13 Detmold, Exterstr. 5
Blätterfries des 19. Jahrhunderts in einem Wohnraum im Obergeschoß

14 Sommersell (Kreis Lippe), Kreuzstr. 37, Farbfassung um 1925 in einem Wohnraum im Obergeschoß

Str. 31 (Kreis Höxter, im Freilichtmuseum Detmold A 23)[3] Seppenrade, Ondrup 32 (Coesfeld), Telgte, Königsstr. 35 (Kreis Warendorf, Abb. 12) und Westenholz, Hof Lipsmeier (Kreis Paderborn).

Die großräumige Verbreitung dieser Farbgebung ist durch die Art ihrer Produktion zu erklären. Um 1830[14] wurde die Herstellung von synthetischem Ultramarin entdeckt, was die billige Beschaffung des bis dahin äußerst wertvollen teuren Farbstoffes ermöglichte. Dieser Umstand hat offensichtlich nicht nur in Westfalen eine Modewelle ausgelöst, die über die ganze zweite Hälfte des 19. Jahrhunderts und noch das beginnende 20. Jahrhundert angehalten hat.

Als Begrenzung der Wandfarbigkeit gegenüber der auf den oberen Abschnitt der Wand heruntergezogenen Deckenfarbigkeit sowie als waagerechte Untergliederung der Wandfarbigkeit in Brüstunghöhe dienten sehr häufig Schablonenmalereien. Ist die Verwendung der Schablone zur Anfertigung von Anstrichen anderenorts schon im 16. Jahrhundert nachzuweisen (z. B. im süddeutschen und tirolischen Schloßbau der Renaissance), so finden sich Schablonenanstriche in ländlichen und städtischen Wohnbauten Westfalens erst ab dem 19. Jahrhundert, oft erst ab der Jahrhundertmitte. Zu den ältesten Schablonenmalereien, die durch die Untersuchungen des Freilichtmuseums stratigraphisch und damit historisch einzuordnen waren, gehören die einfachen Schablonenmalereien im Haus Krottorfer Str. 6 in Freudenberg, die in der Mitte des 19. Jahrhunderts entstanden. Hier handelt es sich um sehr schlichte und dünne geometrische Ornamente. Der Fund als solcher und die relative Datierbarkeit sind jedoch so zufällig, daß

**15 Rietberg (Kreis Gütersloh), Brigittenhaus
Tapete der Stube im 1. Obergeschoß, um 1885.**

hieraus auf die Anfänge von Schablonenmalereien zunächst nicht geschlossen werden kann.

Zu den häufigeren Befunden gehören Schablonenmalereien aus Blattfriesen, wie in den Häusern Exterstr. 5 (Abb. 13) oder Schülerstr. 25 in Detmold, wo die blau gefaßte Wand zur Decke hin durch einen Blätterfries abgesetzt war, über dem noch ein dem Deckenanstrich entsprechender weißer Streifen folgte. Auf die blaue Wandfarbe hatte man daraufhin in gleichmäßigen Abständen Blütengebinde in Muschelovalen aufgemalt, in mehreren Farbtönen abgesetzt. Eine einfache Schablonenmalerei teilte die Wand in einzelne Felder, die jeweis ein Blumengebinde aufzunehmen hatten.

Neben solchen im weitesten Sinne als historistisch zu bezeichnenden Schablonenmalereien, wurden einige Schablonen auch in den Formen des Jugendstils, des Neubarocks (Abb. 14) und der Neuen Sachlichkeit der 20er Jahre angefertigt. Außer durch die Farbbefunde lassen sich Schablonenfriese und Rollmuster auch durch die erhaltenen Schablonen selbst dokumentieren, von denen das Freilichtmuseum Detmold eine Sammlung von etwa 400 Exemplaren besitzt. Neben Friesschablonen für einfarbige Friese handelt es sich dabei auch um zusammengesetzte Schablonen, die das Übermalen von fünf bis sieben verschiedenen Farben erlauben und dann eine insgesamt sehr bunte Gestaltung ergeben. Einige Schablonen zeigen auch Strukturen, die nicht als Fries zum Abschluß einer monochromen Wandfarbe aufgemalt werden sollten, sondern die Wand selbst tapetenartig zu dekorieren hatten. Hier zeigt sich sehr deutlich der Zusammenhang zwischen gemalten Wanddekorationen des 19. und 20. Jahrhunderts und Tapetengestaltungen (Abb. 15), die offenbar sowohl Bordüren und Friese wie die Flächen insgesamt betreffen können.

Eine interessante flächige Schablonenmalerei sei abschließend noch aus dem Haus Königstraße 35 in Telgte (Kreis Warendorf) genannt. Die dortige Malerei in grauen und bräunlichen Farben dekorierte die Wand in der Art von Bunslauer Keramik.

Anmerkungen

1 Lehm im Fachwerkhaus, Tagungsbericht 20. und 21. September 1985, Führer und Schriften des Rheinischen Freilichtmuseums und Landesmuseum für Volkskunde Kommern Nr. 29, Köln 1986.
2 Großmann, Ulrich, Der Fachwerkbau, das historische Fachwerkhaus, seine Entstehung, Farbgebung, Nutzung und Restaurierung, Köln 1986.
3 Numerierung der Museumsgebäude im Westfälischen Freilichtmuseum Detmold siehe Stefan Baumeier, Ulrich Großmann, Wolf Dieter Könenkamp, Museumsführer Westfälisches Freilichtmuseum Detmold, Landesmuseum für Volkskunde, Detmold, 2 1987.
4 Die Befunde des Hauses Krottofer Str. 6 wurden vom Verfasser in der Schrift: Beiträge zur Volkskunde und Hausforschung Band 1,

Schriften des Westfälischen Freilichtmuseums Detmold, Landesmuseum für Volkskunde, hrsg. von Stefan Baumeier und Kurt Dröge, Detmold 1986, S. 127—138, dargestellt.
5 Grothe, Rolf-Jürgen, Bernhard Recker und Reinhard Roseneck, Das Fachwerkhaus Alte Knochenhauer Str. 13, Braunschweig, Berichte zur Denkmalpflege in Niedersachsen 5, 1985, Heft 2, S. 59—63.
6 Kasper, Fred, Bauen und Wohnen in einer alten Hansestadt. Zur Nutzung von Wohnbauten zwischen dem 16. und 19. Jahrhundert, dargestellt am Beispiel der Stadt Lemgo. Denkmalpflege und Forschungen in Westfalen, Band 9, 1985, S. 107.
7 Wie Anmerkung 6, S. 354.
8 Freundlicher Hinweis von Michael Frontzeck (Architekturbüro Stadt und Haus, Hannover), aufgrund der von ihm angefertigten Bauaufnahme und Bauuntersuchung des Schloßes Bevern.
9 Wie Anmerkung 6, S. 107 f.
10 Dokumentation des Befundes durch Stefan Baumeier, 1976; Vergleiche Josef Schepers, Haus und Hof Deutscher Bauern, Band 2, Westfalen-Lippe, Münster 1960, S. 365.

11 Kaspar, Fred und Karoline Terlau, Hattingen. Zur Baugeschichte einer Westfälischen Kleinstadt vor 1700, Beiträge zur Volkskultur in Nordwestdeutschland, hrsg. durch die Volkskundliche Kommission f. Westfalen, Landschaftsverband Westfalen-Lippe, Münster 1980, S. 211.
12 Rückbrod, Konrad, Der ehemalige Burgmannshof Haus Aussel in Rheda-Wiedenbrück, Bauwelt 75/1984, Heft 46, S. 1965—1968.
13 Untersuchungen durch die Restauratoren des Westfälischen Freilichtmuseums Detmold, Sommer 1979.
14 Die fabrikmäßige Herstellung des einige Jahre zuvor (1826/1828) entdeckten synthetischen Ultramarins hat nach H. H. Vogt, Farben und ihre Geschichte, Kosmos Bibliothek 280, Stuttgart 1972, S. 27 f., im Jahre 1836 begonnen. Die bis 1836 erschienenen Bauhandbücher (z. B. David Gilly, Handbuch der Landbaukunst 1831 und J. Rondelet 1836) erwähnen synthetisches Ultramarin nicht. Synthetisches Ultramarin ist eine Anilin-Farbe, die Destillation von Anilin gelang erst 1826. — Zum natürlichen Ultramarin dagegen: Anette Kurella, Irmgard Strauß, Lapislazuli und natürlicher Ultramarin, in: Maltechnik — Restauro 89, München 1983, S. 34 bis 54.

Abbildungsnachweis
Alle Abbildungen Westfälisches Freilichtmuseum Detmold
Abb. 1 Droege
Abb. 2—4 und 6—15 Großmann
Abb. 5 Baumeier

"Des Hauses neue Kleider": Oberfläche und Farbigkeit von Architektur als Verschleißschicht

Fred Kaspar

Das sehr disparate Befundmaterial zum Thema Oberflächenbehandlung von Fachwerkgebäuden läßt es bisher unmöglich erscheinen, einen allgemeineren Überblick zu Westfalen geben zu wollen. Statt dessen soll an Hand von Fassaden dieser Region auf die Problematik hingewiesen werden, die sich bei jeder denkmalpflegerischen Betreuung eines Objekts ergibt. Besonders gut dürften sich für diese Darstellung Renaissancefassaden, speziell diejenigen der „Weserrenaissance" eignen, ist ihnen doch auch beim Fachwerkbau ein gewollter gestalterischer Eigenwert nicht abzusprechen. Darüber hinaus liegen gerade für diese neue interessante Befunde vor. Darüber hinaus sollen aber auch die zeitgleichen Steinfassaden mit in die Betrachtung einbezogen werden, denn auch sie scheinen — wie im folgenden zu zeigen sein wird — nur Teil einer in der Gesamtheit zu sehenden Entwicklung zu sein.

Die Problematik soll zunächst an Hand eines konkreten Beispiels verdeutlicht werden: Hierzu sei das sog. alte Bürgermeisterhaus von ca. 1560 am Markt 34 in Salzuflen betrachtet (Abb. 1): Stadtverwaltung und Verschönerungsverein von Bad Salzuflen schreiben am 23.3. 1925 an den lipp. Landeskonservator Vollpracht, daß man Geld bereitgestellt habe zur Instandsetzung der alten Giebelhäuser. Als Berater soll auf Kosten vom Verein Prof. Dauber aus Marburg hinzugezogen werden. Gleichzeitig bereist der Stadtbaurat zusammen mit anderen die „hervorragenden Bauten in Braunschweig, Hildesheim und Celle"... „Fernerhin bereisen auch sämtliche in Frage kommenden Malermeister auf ihre Kosten diese Städte. Dadurch dürfte unzweifelhaft die Gewähr gegeben sein, daß wir nicht nur bestrebt sind, sondern auch die Garantie geben, etwas vorbildliches zu schaffen." Nach einem Ortstermin mit Dauber am 16. 4. 1925 und an einem weiteren im Juni, an dem er Aquarelle als Entwürfe vorstellte, führt er zum Haus Markt 5 aus: Das Haus ist bereits mit Ölfarbe gestrichen. Diese sei beizubehalten, wenn man nichts durch Ablaugen bis auf den Stein zerstören wolle. Der Anstrich soll nach Fertigstellung mit Magermilch überstrichen werden, um den Glanz verschwinden zu lassen. Nach Daubers Entwurf ist die Fassung dann auch ausgeführt worden.

Am 15. 4. 1933, also etwa 8 Jahre später, schreibt der Malermeister Wöhler an den Landeskonservator Vollpracht, daß er den Giebel neu streichen solle. Der Pächter wünscht eine braune Fassung, da das Haus als „Stammlokal der NSDAP" den Namen „Braunes Haus" erhalten soll. Das Antwortschreiben vom 24. 4. 1933 führt dann aus, daß es auf keinen Fall gestattet werden kann, die reiche Bemalung ohne weiteres zu überstreichen, es müsse vielmehr der Charakter — der aber ja gerade 8 Jahre so bestand — des alten Renaissancehauses unbedingt gewahrt bleiben. Wohl sei es möglich, den Sandsteinton braun zu halten, „es muß dann die ganze übrige Bemalung entsprechend ausgeführt werden. Erwünscht ist aber eine braune Sandsteintönung nicht, weil das Nachbarhaus schon einen rötlich-braunen Ton hat, die jetzige Gruppenwirkung also verloren gehen würde."

So grotesk er heute klingen mag, so deutlich wird doch an diesem Fall der damalige Umgang mit alten Fassaden. Man hielt sie für historische architektonische Zeugnisse, versuchte aber, sie ins Stadtbild und den Zeitgeschmack einzupassen, wobei insbesondere die farbliche Fassung als Mittel gesehen wurde. Sie sollte geschmackvoll und harmonisch zur benachbarten Bebauung passen. Die Hinzuziehung von Prof. Dauber macht darüber hinaus deutlich, daß man die Fassade der Stilepoche gemäß gefaßt wissen wollte, allerdings ohne spezielle Befunde zu kennen. So wie die Fassade schon zuvor gefaßt war, ist sie auch hiernach noch verschiedentlich und zwar in jeweils abgeänderter Form, neu gestrichen worden, und zwar 1950, 1958, 1964 und 1971. Der 1986 aufgrund neuer Schäden angefertigte Restaurierungsbericht verzeichnet darüber hinaus noch eine Fassung um 1909 sowie eine um 1900. Zuvor war der Giebel offenbar lange Zeit ungefaßt und Reste älterer Fassadenbemalung weitgehend abgewittert. Die Restauratoren haben zwar z. T. noch bis zu 11 Farbschichten feststellen können, jedoch nicht die gleiche Zahl auf verschiedenen Teilen.

Dies läßt ebenfalls darauf schließen, daß zwischenzeitlich entweder ältere Farbfassungen abgewittert oder aber bei Neuanstrichen entfernt worden sind. Die große Zahl von Schichten läßt leicht auf ein hohes Alter der untersten Befunde schließen, (was die Restauratoren zunächst auch taten) würde die in diesem Falle nachvollziehbare Geschichte nicht erkennen lassen, daß kaum eine Fassung länger als 10 Jahre hielt. Hier steht die Denkmalpflege also vor einem Dilemma: Die gesamten Farbschichten mußten nun aufgrund der schlechten Oberfläche und des falschen, dem Stein schädlichen Aufbaus der Farben abgenommen werden, wobei unter ihnen große Zementausbesserungen des späten 19. Jahrhunderts am damals schon schlechten Stein sichtbar wurden. Darunter gab es nur noch unbedeutende Farbreste. Auf diesen Befunden aufbauend sind nun verschiedene Konzeptionen für eine neue Fassung möglich:

1. Die Fassade wird nach der vollzogenen Abnahme der Fassungen in ihrem rudimentären, verwitterten Zustand belassen, die Steinsubstanz bleibt dabei unangetastet.

2. Man strebt eine Rekonstruktion an: stellt also die von der Denkmalpflege so gern geforderte „Einheitlichkeit der Erscheinung" wieder her. Dies würde eine fast völlige Erneuerung der Steinoberfläche voraussetzen, wobei die ursprüngliche Fassung zudem unbekannt ist — also nur analog zu erschließen wäre.

3. Wiederherstellung der ältesten bzw. der letzten, der

1 Bad Salzuflen (Kreis Lippe), Markt 34
Zustand um 1930

**2 Werne (Kr. Unna), Roggenmarkt 19
Fassadenbemalung von 1446 auf Backstein, Freilegungsbefund von 1983**

jüngsten oder einer anderen, etwa der Dauberschen Fassung? Aber was hätte diese Rekonstruktion in bezug auf die Denkmalpflege für eine historische Bedeutung? Was dokumentiert sie, wenn sich zeigt, daß die technische Notwendigkeit und der wandelnde Zeitgeschmack alle 10 Jahre eine neue Fassung brachte? Also auf der rekonstruierten Oberfläche etwa eine neue Fassung aufbringen?

Die Neufassungen lassen sich jedoch auch nicht als eine Blüte des Historismus abtun. Mit der Datierung von Fassungen betreten wir aber — wie es ja schon verschiedentlich in den anderen Beiträgen anklang — ein sehr heikles Forschungsfeld. Wenn wir die Richtigkeit der bisher vorgelegten Datierungen der einzelnen Fassungen annehmen, lassen Untersuchungen der niedersächsischen Kollegen erkennen, daß man auch dort (wenn es die Befundlage überhaupt zuläßt, Fassungen des 16. und 17. Jh. sicher zu erfassen) zu ähnlich häufigen und auch unterschiedlichen Fassungen gekommen ist. So wurden am Haus Ritterstraße 8 in Hameln 15 Fassungen festgestellt, davon 5 jeweils stark voneinander abweichende vor 1650 datiert.

Spätestens hier dürfte deutlich werden, daß denkmalpflegerische Prinzipien wie Erhaltung der originalen Substanz, Erhalt einer künstlerisch relevanten Fassung bzw. das Beibehalten der Geschichtsspuren oder auch die Rekonstruktion sehr leicht zu widersprüchlichen Meinungen führen können.

Lassen sie uns also anders fragen: Was ist bzw. bedeutet eine Fassung? Sie kann — um auf das Thema der Tagung zurückzukommen — als eine Oberflächenbehandlung verstanden werden. Dabei sollen die Überlegungen zunächst nur einmal auf die Möglichkeiten, die als Oberfläche von Bauten der Renaissance in Westfalen bekannt sind, beschränkt werden. Wir müssen uns dabei klar vor Augen halten, daß von diesen Bauten weitgehend authentisch nur die Rohbauten überliefert sind, während die die Erscheinung stark prägende Haut auf-

3 Torhaus des Gräftenhofes Dernebockholt in Sendenhorst-Albersloh (Kr. Warendorf)
Detail der Gefachausmauerung mit verdeckt verzimmerten Kopfbändern. Die hoch gestellten Backsteine mit Läufermauerwerk übermalt

grund sich ändernden Zeitgeschmacks und der natürlichen Alterung verschlissen ist. Ohne Ausnahme hat sich also von den historischen Gebäuden nur noch eine Art Rohbau authentisch überliefert; es ist die Form der Architektur sowie die plastische Oberfläche des verbauten Materials. Hier ist sowohl an die Werksteinfassaden, wie auch an die beschnitzten Holzfassaden bzw. die Struktur ihrer Konstruktion zu denken. Verkürzt gesagt — von wenigen glücklichen Befunden abgesehen — haben wir nur den Rohbau überliefert, während die Verschleißschicht vergangen, eben verschlissen ist.

Eine wesentliche denkmalpflegerische und wissenschaftliche Frage ist die nach der ehemals vorhandenen und gewollten vollständigen Erscheinung. Hier tritt die Frage nach der Intention in den Mittelpunkt, die zur Wahl der speziellen Erscheinung geführt hat. Wollte man das Gebäude oder nur eine bzw. die Fassade gestalten, schmücken, als Zeichen benutzen? Oder sollte der Bau Teil eines größeren Ganzen, nämlich eines Stadtbildes — eines Ensembles — werden?

Bleiben wir bei der westfälischen Architektur der Renaissance, so bietet sich eine erstaunliche Vielfalt möglicher Oberflächen. Insgesamt lassen sie sich dadurch charakterisieren, daß sie, ebenso wie im Mittelalter, nicht von dem Gedanken der Materialgerechtigkeit geprägt waren. Sehr oft wurde das Baumaterial vielmehr überfaßt, wobei es entweder wie anderes Material wirken sollte oder aber das gleiche Material malerisch wiederholt wurde. Dabei konnte es dann in formaler und farblicher Hinsicht in exakterer Weise zur Geltung gebracht oder aber in reicher Form dargestellt bzw. Schäden — etwa durch Umbau entstanden — kaschiert werden. Dazu einige Beispiele:

In Werne an der Lippe hat sich der älteste Befund einer gefaßten Fachwerkfassade erhalten, der uns in Westfalen bekannt ist. Es handelt sich um den Giebel eines kleinen Fachwerkbaus, der 1446 am Roggenmarkt 19 errichtet und schon 1486 durch einen Anbau verdeckt worden ist (Abb. 2). Dieser Anbau läßt den Befund in die Zeit vor 1486 datieren. Die Gefache sind in sauberer Weise und bündig mit der Vorderfront des Gefüges mit Backsteinen im Längsverband ausgemauert und mit hellem Kalkmörtel gefugt. Die Gefache sind mit einer rot eingefärbten Kalktünche geschlämmt und anschließend mit einem neuen Fugennetz bemalt. Hinzu kommen noch ornamentale Bereicherungen, wie die Kreise an den Enden der Läuferschichten sowie Ornamentstreifen unter den Riegeln (die wohl braun gefaßt waren). Das aufgemalte Fugennetz folgt nur zum Teil den tatsächlich vorhandenen Fugen, denn es korrigiert Unregelmäßigkeiten im Mauerwerk. Hier sind insbesondere die für die spätmittelalterlichen Fachwerkgerüste Westfalens so charakteristischen verdeckten Kopfbänder im Wandgefüge zu nennen, vor denen die Backsteine nur aufrecht stehend mit ihrer Breitseite nach außen vorgemauert werden konnten (Abb. 3). Diese baukonstruktiv bedingten Unregelmäßigkeiten konnten gut mit Hilfe der malerisch durchgezogenen Fugen überspielt werden. Darüber hinaus wurde jeweils die Backsteinreihe unterhalb der Riegel mit einer Schmuckleiste übermalt. Befunde von Ziegelbemalungen sind inzwischen von einer Vielzahl von Fachwerkbauten in Westfalen zwischen dem 15.

4 Gut Habighorst bei Häver (Kr. Celle), auf Lehm aufgemalte Backsteinausfachung wohl des 18. Jhs.

5 Warendorf (Kr. Warendorf), Markt 15
Fassadenbemalung des 17. Jahrhunderts: Mit schwarzen Bindern strukturiertes Backsteinmauerwerk. Befund und Rekonstruktion 1986

6 Detail vom Torhaus des Hauses Byink, Ascheberg (Kr. Coesfeld), von 1561. Das Ziegelmauerwerk durch die Verwendung schwarz glasierter Steine vielfach ornamentiert, im Untergeschoß jeder zweite Stein schwarz, im Obergeschoß Rautenmuster, dazwischen zwei kugelhaltende Figuren. Zustand 1909

7   Torhaus von Haus Drensteinfurt (Kr. Warendorf), um 1590 als Ziegelbau mit rautenförmiger Ornamentierung der Wandfläche durch glasierte Ziegel erbaut. Zustand 1891

und dem 19. Jh. belegt. Auffällig ist, daß man schon im 15. Jh. die Stoßfuge der Steine jeweils durch halbkreisförmige Linien betonte.

Aber nicht nur die Backsteingefache der Fachwerkgerüste sind in dieser Weise behandelt worden, sondern unter Umständen auch Lehmgefache (Abb. 4). Naturgemäß sind hier die Überlebenschancen von Befunden sehr viel geringer.

Gleichfalls läßt sich die Übermalung auch bei ganz von Backstein gemauerten Wänden feststellen. Dies legen oft schon die unregelmäßig ins Mauerwerk eingebundenen Werksteingewände der Öffnungen — zumal wenn sie Putzkanten aufweisen — nahe.

Aufschlußreich ist hier aber auch ein Befund, der wohl dem späten 17. Jh. entstammt und sich an einem Warendorfer Bürgerhaus findet (Abb. 5). Die Fassade des um 1550 erbauten Hauses Markt 15 ist nach der Datierung durch Eisenanker 1661 umgebaut worden. Offenbar wollte man auch hier Unregelmäßigkeiten im Mauerwerk, die bei den Baumaßnahmen entstanden waren, überdecken sowie die ausgebrochenen Fenstergewände malerisch ersetzen.

Dennoch sollte dieses Verfahren nicht als allgemeingültig mißverstanden werden, denn es gibt zeitgleiches Backsteinmauerwerk, das offenbar nicht zur Überschlämmung gedacht worden war. So sind sowohl am Torhaus wie auch am Bauhaus von 1558 des Hauses Byink, südlich von Münster, mit schwarz geschmauchten Steinen Ornamente in das Mauerwerk eingefügt worden (Abb. 6) und es sei auf die zahlreichen Backsteinbauten des 16. Jh. im Münsterland verwiesen, deren Wände auf diese Weise mit rautenförmiger Musterung gegliedert sind (Abb. 7). Sollen solche Wandstrukturen nicht Vergleichbares erreichen wie die plastische Gliederung der Fassaden mit aufgelegten Ornamenten, wie es die Bauten der sog. Lipperenaissance zeigen (Abb. 8)? Ornamentale Backsteinsetzungen sind darüber hinaus in größerer Zahl auch vom Fachwerkbau des 16. und 17. Jh. überliefert und lassen im Vergleich mit den zeitgleichen Bemalungsfunden deutlich werden, daß in erster Linie die letztendliche Erscheinung des Gebäudes zählte, weniger aber das tatsächliche Material, das echt oder vorgetäuscht sein konnte.

In diesem Zusammenhang dürften auch die Fachwerkaufmalungen zu sehen sein, die so zahlreich aus dem

8 Torhaus des Hauses Assen (Kr. Warendorf), erbaut 1564 in Formen der sog. Lipperenaissance, Backsteingebäude mit vortretender Bändergliederung

9 Fassade des Adelshofes Lemgo (Kr. Lippe), Papenstraße 24, um 1560 mit sog. Streifenputz errichtet

10 Bad Salzuflen (Kr. Lippe), Obere Mühlenstraße 1 Schnitzfassade von 1632 mit modern interpretierter Farbigkeit

mittel- und südwestdeutschen Bereich bekannt geworden sind, und die ja auch das tatsächlich vorhandene Holz veredelt wiederholen.

Die Tendenz, das Material des Gebäudes durch eine aufgebrachte Oberfläche edler, aber auch genormter wirken zu lassen, ist bei einer anderen Erscheinung, die sich bisher nur in Ostwestfalen nachweisen läßt, noch deutlicher. Hier hat man in der 2. Hälfte des 16. Jh. sog. Streifenputz auf die aus Bruchstein aufgemauerten Häuser aufgebracht, der offenbar Marmor inkrustierte Renaissancefassaden Italiens imitieren sollte (Abb. 9).

Speziell die Renaissancefassaden von Fachwerkgebäuden des Weserraumes bestehen oft weitgehend bzw. sogar ganz aus Holz. Bei ihnen sind alle Teile der Konstruktion sowie die zwischengesetzten Füllbohlen mit Schnitzereien versehen (Abb. 10). Neuere Forschungen deuten darauf hin, daß diese z. B. mit Fächerrosetten beschnitzten Fronten nicht einfach als volkstümliche Übersetzung von abgesunkenen Formen der Steinarchitektur in den billigeren Fachwerkbau verstanden werden können. Vielmehr sei im späten 16. Jh. der Steinbau nicht nur kopiert, sondern „mit Hilfe des Fachwerkbaus die imitierte Steinbauornamentik über die Möglichkeiten des Vorbilds hinaus noch gesteigert" worden, wie es Püttmann jüngst herausgearbeitet hat. In diese Entwicklung gerät natürlich auch die Oberflächenbehandlung mit hinein. Sie mußte hier ebenfalls dazu beitragen, Holz und Stein einander anzugleichen, statt beiden Materialien ihren Eigenwert zu belassen.

Bisher liegen nur wenige Befunde vor, deren Aussage zum ersten Aussehen einer solchen Holzfassade sicher, eindeutig und interpretierbar sind. Zur Verdeutlichung der Problematik soll zunächst auf die schon lange ungefaßte und in ihrer ersten Erscheinung daher unbekannten Steinfassade von etwa 1600 am Schloß Holtfeld verwiesen werden (Abb. 11). Etwa gleichzeitig — 1608 — wurde in Lemgo an der Papenstraße 32 ein Bürgerhaus umgebaut und dabei die Schaufassade erneuert. Während der Wandkasten aus Stein gearbeitet ist, fertigte man das Giebeldreieck von Holz, wobei eine dem eben genannten Giebel von Schloß Holtfeld vergleichbare Gestaltung gewählt wurde (Abb. 12). Die bei der Restaurierung freigelegten, offenbar ursprünglichen Farbbefunde haben für die Rekonstruktion folgendes Bild ergeben, das sich offenbar stark an Steinarchitektur orientiert: Die Ornamentik ist nicht — wie es heute bei den vergleichbaren Gebäuden allgemein üblich ist — durch buntfarbige Differenzierung hervorgehoben. Vielmehr dienen die wenigen verwandten Farben nur dazu, die architektonische Wirkung hervorzuheben. So wurden die Ornamente der Ständer mit Umbra hinterlegt, so daß sie wie Säulen wirken. Die dazwischen aufgebrachten beschnitzten Brüstungsbohlen sind in ihrer Ornamentik nicht weiter hervorgehoben. Die Schnitzereien dienten wohl eher zur Strukturierung der Fläche. Die Vorkragungszonen wiederum bekamen einen dunkleren, grauen Steinton und wirken daher jeweils wie schattenwerfende Gesimse. (Übrigens hat man bei der Restaurierung einen der schon oben behandelten Tricks der Zeit zur Farbigkeit angewandt und die Backsteine, deren Oberfläche durch modernen Zementputz stark beschädigt war, auf eine nun diese Steine überziehende Schlämme wieder aufgemalt.) Im Gegensatz dazu führt aber die heute für die Schnitzfassaden der Weserrenaissance so übliche — um 1900 entwickelte — farbige Fassung mit ihrem vielfältigen Farbenspiel und der Hervorhebung der einzelnen Ornamente nur zu einem Sezieren der gestalteten Fläche in Einzelornamente, wobei die tektonische Wirkung auf der Strecke bleibt (Abb. 13).

Das Untergeschoß aus Stein wurde bei dem Haus Papenstraße 32 in Lemgo zwar auch steinmäßig gefaßt, indem die ornamental gestalteten Fensterstöcke rot gestrichen wurden, jedoch kam es nicht zu einer absoluten Einheit von Holz und Stein. Diese ist verschiedentlich vom niedersächsischen Amt für Denkmalpflege in Hameln oder am Schloß Bevern festgestellt worden, wobei Holz- und Fachwerkteile durch die farbige Behandlung weitgehend optisch verschmelzen. Ein großer, dem Lemgoer Objekt vergleichbarer Giebel in Bad Salzuflen, Obere Mühlenstraße 1, von 1632 zeigt zwar genau die gleichen Tendenzen in der Oberflächenbehandlung, doch gab man hier den Steinen eine graue Fassung, während alle Holzteile rot-braun lasiert wurden. Nicht die Farbe selber ist also verbindlich, sondern die Intention der Erscheinung. Hiermit soll nicht grundsätzlich in Abrede gestellt werden, daß bestimmten Far-

11   Schloß Holtfeld (Kr. Gütersloh), Zustand um 1960
Schaufassade in Stein von 1599/1602, Fassung unbekannt

12 Lemgo (Kr. Lippe), Papenstraße 32, Schaugiebel von 1608 mit rekonstruierter Farbigkeit

13 Lemgo (Kr. Lippe), Echternstraße 92 von 1591. Die heutige, modern interpretierte Farbfassung seziert förmlich die ornamentale Gestaltung in die einzelnen Elemente

14 Herford (Kr. Herford), Holland 39 von 1559. Wandgefüge mit geschweiften Kopfbändern. Fassung nicht überliefert

ben auch ein symbolischer Wert zukam. Doch scheint dieser Gesichtspunkt zumindest im Profanbau nicht zum Tragen gekommen zu sein. Wichtiger war eher das Zeittypische ihrer Wirkung, nicht aber ihre genaue Komposition.

An dieser Stelle sei noch ein Objekt angeführt, das zum Weiterdenken reizen mag. Das durch die Kopfbänder so eigenartig gestaltete Fachwerk am Gebäude Holland 39 von 1559 aus Herford (Abb. 14) erinnert ebenso wie die Schrifttypen einer Inschrift und die Knaggen an spätgotische Formen. Würden sie nicht verständlicher, wenn man sich die nun weißen Gefache mit einer Bemalung, etwa mit Maßwerkformen, vorstellen würde?

Wie wesentlich die spezielle Intention des Bauherren die Gestaltung der Fassade im einzelnen beeinflussen kann, mag folgende Überlegung darlegen: Ganz offenbar war nicht jedes Haus einer Stadt im gleichen Maße von einer Zeichenhaftigkeit bestimmt. Neben der Masse der Gebäude, die zumeist relativ schlicht waren und deren Sozialgeschichte oft eine hohe Fluktuation der Bewohner erkennen läßt, wurde bei einigen Bürgern offenbar das Haus als „Erbhaus" zum Inbegriff der Tradition einer Familie, wobei die Erscheinung eine wichtige Zeichenhaftigkeit bekam. So behielt man im 16. und frühen 17. Jh. gerade bei den führenden Schichten lange die alten, auch in der Gestaltung nicht mehr aktuellen Giebelhäuser bei, die wegen des fehlenden, sonst seit dem 15. Jh. üblichen Speichergeschosses in ihren bescheidenen Ausmaßen zwischen den prächtigen und modernisierten Anbauten sowie den bürgerlichen Nachbarbauten auffielen. Aber auch durch die Übernahme alter Teile in den Neubau konnte diese Tradition demonstriert werden, wie es z. B. noch 1652 bei der Erneuerung des später sog. Leibnizhauses in Hannover geschah. Hier wurden zwei Terrakottafriese von 1499 mit Inschrift und Wappen der Vorfahren des Erbauers vom Altbau wiederverwendet.

Derartige Historismen sind gerade in Zeiten, in denen wie im späteren 16. Jh. viel gebaut wurde, bei Angehörigen alter Führungsgruppen naheliegend, um sich von aufstrebenden „Neureichen" abzusetzen.

Auf solche Tendenzen scheint auch der in dem architektonischen Umrissen ostentativ unmodern gestaltete Giebel des Hauses der Familie von der Wipper in Lemgo zurückzugehen (Abb. 15). Er wurde 1576, in einer Zeit, als man schon zwei Jahrzehnte reiche Renaissancefassaden in dieser Stadt errichtete — bewußt mit spätgotischer Kontur gebaut, erhielt dann aber z. B. mit Streifenputz eine höchst moderne Oberfläche. Es wird deutlich, daß es in der Errichtung und auch Pflege von Fassaden Tendenzen gibt, diese entweder immer wieder „modern" zu gestalten, sie der Umgebung und dem Geschmack anzupassen, oder aber mit Absicht als „konservativ" darzustellen.

Schon die wenigen bisher vorgestellten Beispiele lassen aber auch erkennen, daß man zwischen der Gestalt eines Gebäudes und der Oberflächenbehandlung gedanklich durchaus zu unterscheiden wußte. Offenbar war in erster Linie die Gestalt Gegenstand eines architektonischen Konzeptes, eines Entwurfs, der in einer Diskussion zwischen Entwerfer und Bauherren entstand. Hierfür mögen auch die überlieferten Bauzeichnungen sprechen, die sich fast ausnahmsweise über die genaue Bearbeitung der Oberfläche ausschweigen. Sie zeigen nur den architektonischen Entwurf, die Konstruktion und die Öffnungen, nicht aber ihre farbliche Durchgestaltung.

Auch von der anderen Seite, von der Fassung der Ausbildung der Oberfläche her, läßt sich das Gesagte belegen. So sind ja gerade aus dem Südwesten Deutschlands ganz großartige Entwürfe von Fassadenbemalungen bekannt, die z. B. von H. Holbein d. J., Hans Bock d. Ä., Tobias Stimmer oder Wendel Ditterlin stammen, aber in keinem Falle ein gemeinsames Konzept zwischen Bemalung und Komposition der Architektur erkennen lassen. Vielmehr dient die neue Oberfläche auch hier dazu, älteren Gebäuden ein modernes Aussehen zu verleihen. Die Farbigkeit hat man bei Neu- oder Umbauten wohl oft erst in einem späteren Baustadium festgelegt, ja sie konnte gar noch während der Arbeiten geändert werden. So sollte nach den überlieferten Papieren das Rathaus des 16. Jh. von Salzuflen im Jahre 1754 zunächst „ganz weiß abgeputzt" und die Gewände der Öffnungen mit Bleiweiß, Kreide und Kienrauch angestrichen und marmoriert werden. Da dem Rat dieses dann nach einem Probeanstrich aber doch nicht gefiel, sollte es statt dessen ganz anders, und zwar nun hellblau gefaßt werden.

Wenn dieser Beleg auch erst aus dem 18. Jh. stammt, so zeigt er doch die Breite der Variabilität innerhalb des zeitgemäß definierten Rahmens ebenso wie schon vorgestellte Fassaden aus Lemgo und Salzuflen. Im Vergleich beider wurde das Farbprogramm genau umgedreht, doch die Intention, das ganze als Steinarchitektur

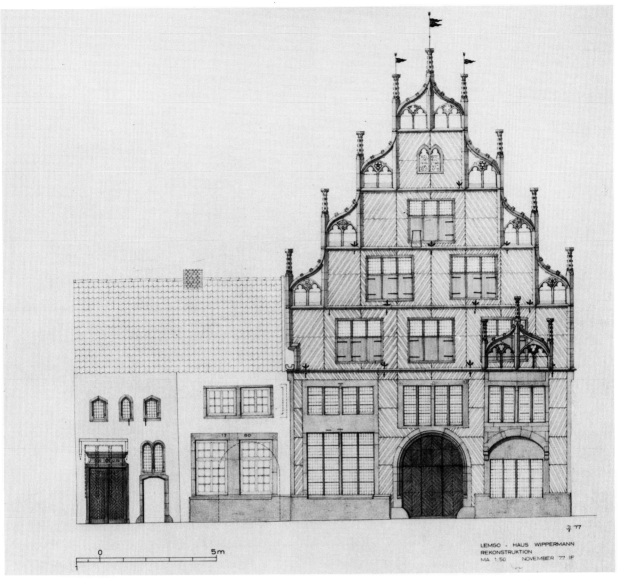

15 Lemgo (Kr. Lippe), Kramerstr. 5. Rekonstruktion des ursprünglichen Zustandes der Fassade von 1576 mit Maßwerkumrahmung und Streifenputz

wirken zu lassen, mit Hilfe der Farbe das Holzwerk in die Umgebung, in den Zusammenhang einzuordnen, ist ebenso erkennbar. Es ist also bei aller Freiheit im Detail eine Zeitgebundenheit festzustellen. Diese Möglichkeit, mit Hilfe der notwendig werdenden Erneuerung der Oberfläche ein Gebäude der Umgebung anzupassen, es in den allgemein herrschenden Baukanon zu stellen, ist — wie unser erstes Beispiel zeigte — bis heute auch bei denkmalpflegerischen Maßnahmen genutzt worden. So geht man z. B. für die Marktbebauung in Weimar im späten 16. Jh. aufgrund von Befunden von einer Ensemblefarbigkeit aus, bei der die einzelnen verschieden alten Gebäude in ihrer Oberfläche aufeinander abgestimmt worden sind. Daß dieser städtebauliche Gesichtspunkt ein zu allen Zeiten im Bauschaffen über die Oberfläche hinaus virulentes Thema war, soll hier ein zufälliges Beispiel unter vielen bekannten belegen. So hat man 1608 in Werne an der Lippe am Kirchplatz einen Kirchhofspeicher der Zeit um 1550 erheblich erweitert, wobei man den neuen Teil ganz bewußt formal dem Altbau anpaßte, offenbar, um mit den benachbarten, ebenfalls um 1560/80 entstandenen Speichern ein geschlossenes Bild zu bekommen (Abb. 16), während man die zugleich entstandene Fassade des Neubaus zum Markt in höchst moderner, aber völlig anderer Weise gestaltete.

Die Oberfläche als Verschleißschicht ist, nach den erhaltenen Befunden zu urteilen, sehr oft und durchaus auch in sehr unterschiedlicher Weise erneuert worden. Die Gebäude existieren also zumeist nur zu einer relativ kurzen Zeit in ihrer ersten Erscheinung, die sich aber, wie gesagt, aus der eigentlichen architektonischen Form und der Oberfläche zusammensetzte. Wenn sich nun nachweisen läßt, daß es quasi ein Teil der historischen Aussage eines Gebäudes ist, daß es zu allen Zeiten durch eine neue Oberfläche den geänderten städtebaulichen und geschmacklichen Verhältnissen angepaßt worden ist, sollte dies dann die Denkmalpflege nicht auch nutzen und unter Umständen auch heute so verfahren? Damit soll keineswegs die Befunduntersuchung als unnötig abgetan werden. Sie ist natürlich zum einen schon von großer wissenschaftlicher Bedeutung; zum anderen muß es auch das Anliegen der Denkmalpflege sein, einzelne Objekte, wie die gezeigten Giebel in Lemgo, rekonstruierend zu behandeln, da nur über im unveränderten Zustand zu betrachtende Beispiele der

16 Werne (Kr. Unna), Kirchhof 2/2a. Ein ursprünglich schmaler Speicher von etwa 1560 (Fassade links des Fallrohres erhalten) wurde 1608 unter formaler Angleichung der Schaufront erheblich erweitert, so daß sich der Neubau in die bestehende ältere Bebauung einfügt

17 Wiedenbrück, Haus am Markt (Lange Straße) aus dem 17. Jh., Zustand von 1900 mit Ziegelbemalung in der Art, wie sie schon im 16. Jh. üblich war

Wandel der Vielzahl von Objekten im Vergleich ablesbar und begreifbar werden wird.

Die Rekonstruktion einer alten oder der ursprünglichen Oberfläche an einer Vielzahl von Gebäuden würde aber gerade der offenbar historischen und gewollten Intention entgegenwirken, die verschiedenen Architekturen aufeinander abzustimmen und statt dessen zu einem eklektizistischen und damit ahistorischen Stadtbild führen, quasi zu einem Museum städtischer Architektur.

Die augenblicklich in das stärkere forscherische Interesse geratene Oberfläche historischer Bauwerke darf bei aller wissenschaftlicher Notwendigkeit also nicht dazu führen, daß die Denkmalpflege wie ein hypnotisiertes Kaninchen auf die Schlange der Einzelbefunde sieht und darüber die historische Intention dieser Befunde vernachlässigt. Bei jeder notwendigen Überfassung ist zu bedenken, daß Gebäude in der Regel auch Bestandteile der historischen Entwicklung in einer über das Einzelobjekt hinausgehenden städtebaulichen Situation darstellen, die nicht verfälscht werden sollte.

Anmerkungen
Akten des Westfälischen Amtes für Denkmalpflege in Münster.
Akten des lipp. Landeskonservators (bis 1950) im Staatsarchiv Detmold.
Margarete Baur-Heinold, Süddeutsche Fassadenmalerei vom Mittelalter bis zur Gegenwart. München 1952.
Joachim Bühring, Zur Polychromie der Renaissancefassaden in Hameln. In: Niedersächsische Denkmalpflege Band 5, 1965, S. 197 ff.
Gerhard Kaiser, Roland Möller, Erfurter Bürgerhausfassaden der Renaissance. In: Denkmale in Thüringen. Weimar 1973, S. 94 ff.
F. Kaspar, Bau- und Raumstrukturen städtischer Bauten als sozialgeschichtliche Quelle, dargestellt an bürgerlichen Bauten des 14. bis 18. Jh. aus Nordwestdeutschland. In: H. P. Schuler (Hrsg.): Haus und Familie, Sigmaringen 1988.
F. Kaspar, Bürgerhaus, halbes Haus und Behausung. Das Beispiel Werne an der Lippe. In: G. Wiegelmann/F. Kaspar: Beiträge zum städtischen Bauen und Wohnen in Nordwestdeutschland, Münster 1988.
U. Korn, Streifenputz- in Lemgo und anderswo. In: Lemgoer Hefte 9/1980, S. 10 ff.
Heinrich Magirus, Zur Farbigkeit an Renaissance- und Barockfassaden. In: Denkmale in Sachsen. Weimar 1978, S. 278 ff.
Konrad Maier, Putz und Farbe der Renaissancebauten im Gebiet an der oberen Weser. In: Niedersächsische Denkmalpflege Band 5, 1965, S. 191 ff.
Hans-Herbert Möller, Das Juleum in Helmstadt. In: Niedersächsische Denkmalpflege Band 5, 1965, S. 204 ff.
Klaus Püttmann, Zur Chronologie und Funktion von Fachwerkornamentik, ausgehend vom Bestand der westfälischen Stadt Wiedenbrück. In: G. Wiegelmann/F. Kaspar, Beiträge zum städtischen Bauen und Wohnen in Nordwestdeutschland, Münster 1987 (= Beiträge zur Volkskultur in Nordwestdeutschland)
Rudolf Ziessler, Farbe und Architektur. In: Denkmale in Thüringen. Weimar 1973, S. 130 ff.

Abbildungsnachweis
Sämtliche Abbildungen: Westfälisches Amt für Denkmalpflege
Abb. 1 Bildarchiv um 1930
Abb. 2 Sigrist, 1983
Abb. 3, 4, 5 Kaspar, 1986
Abb. 6 Ludorff, 1909
Abb. 7 Ludorff, 1891
Abb. 8 Bildarchiv o. J. (ca. 1960?)
Abb. 9 Prüßner, 1980
Abb. 10 Kaspar, 1986
Abb. 11 Vössing, ca. 1960
Abb. 12 Kaspar
Abb. 13 Nieland, 1980
Abb. 14, 15, 16, 17 Kaspar

Historische Farbfassungen des Fachwerks in hessischen Städten

Ulrich Klein

In der bauhistorischen Dokumentationstätigkeit der früheren Marburger „Arbeitsgruppe für Bauforschung und Dokumentation", der Vorläuferin des 1985 gegründeten „Freien Institutes für Bauforschung und Dokumentation e. V.", standen von Anfang an archäologische Methoden im Vordergrund, die erfolgreich auch bei der Untersuchung von Gebäuden angewendet wurden. Dabei war es das Ziel der von der Stadt Marburg getragenen Arbeiten, jedes Haus im dortigen Sanierungsgebiet, das zur Sanierung anstand, interdisziplinär nach allen Kriterien der bauhistorischen Forschung untersuchen zu lassen.

Farbuntersuchungen, von denen in den vergangenen 10 Jahren alleine in Marburg mehrere hundert zusammengetragen werden konnten, bildeten hierbei von Anfang an einen wesentlichen Teil der Ausstattungsdokumentation der untersuchten Gebäude. Einen ersten Überblick zu den Resultaten dieser Untersuchung zeigte eine 1980 vorgestellte Ausstellung zur Bemalung der Marburger Bürgerhäuser, in deren Begleitheft (Elmar Altwasser / Reinhard Groß / Ulrich Klein, Die Bemalung der Marburger Bürgerhäuser vom 15. bis 18. Jahrhundert, Marburg 1980, ²1985) bundesweit erstmalig ein Datierungsschema für Fachwerkfarbigkeit — in Marburg — vorgelegt wurde.

Inzwischen ist durch weitere Untersuchungen in Marburg und die auf ganz Hessen ausgedehnte Tätigkeit des Freien Institutes soviel neues Material auf dem Gebiet der Farbuntersuchungen zusammengekommen, daß eine aktualisierte Veröffentlichung zu diesem Thema dringend erforderlich wird. Sie soll diesmal, in Form einer Monographie über den früheren Ausstellungskatalog hinausgehend, erstmalig am Beispiel Marburg die Gebäudefarbigkeit einer Stadt ausführlich darstellen.

Im Vorgriff auf diese vorgesehene Veröffentlichung kann hier ein kurzer Überblick über den Forschungsstand gegeben werden:

Die Stratigraphie der Wand

Wie bereits dargestellt, ist das Untersuchungsinstrumentarium der Marburger Bauforschung (Abb. 1—4) weitgehend aus der Archäologie übernommen. So wird das Rastermeßsystem im großen Maßstab 1 : 20, wie es für die archäologische Fläche üblich ist, für die Grundrisse der Gebäude, aber auch die Wände angewendet. Durch die Objektivität der Wiedergabe, die durch den üblichen Begriff der „Verformungstreue" nur unzureichend wiedergegeben wird, hat dieses Verfahren des wissenschaftlichen Aufmaßes einen weiten Vorsprung vor allen anderen Aufmaßarbeiten. War so das Aufmaßverfahren bereits aus der Archäologie übernommen, lag es nahe, die dort überaus wichtige Methode der Schichtenuntersuchung, die Stratigraphie, auch auf die Wände zu übertragen und so die „Stratigraphie der Wand" zu untersuchen. Dabei zeigen sich einige wichtige Gemeinsamkeiten zwischen beiden stratigraphischen Methoden:
— In der Regel werden die Bodenschichten nach oben hin jünger; bei Verfüllungen kann aber der umgekehrte Fall eintreten!
— Die „natürliche" Abfolge der Bodenschichten kann durch das Ausfallen von Schichten verändert sein, es treten „Schichtlücken" auf. Bei der Stratigraphie der Wand sind die oberen Schichten immer jünger als die unteren, aber ebenso ist mit dem Ausfall von Schichten zu rechnen.

Daneben ist zu berücksichtigen, daß es in vielen Fällen wesentlich schwerer fällt, die dünnen und vielfach ähnlichen Schichten der Wand zu identifizieren und sicher zu unterscheiden, da diese nur in der Aufsicht und ohne ein geeignetes seitliches Profil untersucht werden können. Putzstrukturen und sorgfältige Beobachtung der oft nur geringfügig variierenden Färbung der Schichten bieten hierbei Anhaltspunkte, letzte Sicherheit kann in manchen Fällen nur die mikroskopische Untersuchung einer entnommenen und angeschliffenen Probe bieten, die dann in der Regel ein deutliches Schichtenprofil zeigt.

Die Untersuchung der Schichten an der Untersuchungsstelle führt als Ergebnis zu einer relativen Chronologie der Schichtenabfolgen, ohne daß es bereits möglich wäre, eine Schicht in die absolute Chronologie einzuordnen, also das genaue Alter einer Schicht anzugeben. Ausnahmen hiervon bilden in Süddeutschland häufigere, in Marburg und darüber hinaus in Hessen bislang nicht gefundenen aufgemalte Jahreszahlen, die unter günstigen Umständen das absolute Alter einer Schicht direkt angeben können; dabei ist allerdings natürlich entsprechend abzusichern, daß die gemalte Jahreszahl einer bestimmten zu datierenden Fassung auch sicher zuzuordnen ist.

Die Verknüpfung der Untersuchungsstellen an einer Wand, in einem Raum und schließlich in dem gesamten untersuchten Haus durch Gegenüberstellung der gleichartigen/gleichzeitigen Schichten ermöglicht dann, den oft zu beobachtenden Ausfall von Schichten an einzelnen Untersuchungsstellen auszuschließen und zu vollständigen relativen Schichtenabfolgen zu gelangen. Dieses Verfahren der „Synchronisation" ermöglicht es auch, durchgreifende Umbauten, bei denen alle Untersuchungsstellen einen Schichtenausfall zeigen, zu erkennen. Zu einer absoluten Chronologie gelangt man nun über die datierbare Erstfassung bzw. die absolut oder relativ datierbaren Schichten in den Abfolgen.

Durch die umfassende Anwendung der Dendrochronologie als bauhistorische Methode ist es heute möglich, die Erbauungszeit jedes Hauses, aber auch fast alle späteren Umbauten auf das Jahr genau festzulegen. Alle Farbschichten, die sicheren Bezug zum Erbauungszu-

	1 EG, R 1	2 EG, R 1	3 EG, R 1	4 EG, R 1	5 EG, R 1	6 EG, R 6	7 1. OG, R 1
Periode IV (Ende 19. Jahrhundert – 1976)	1. Ölfarbe: olivgrün	1. Ölfarbe: olivgrün	1. Ölfarbe: olivgrün	1. Ölfarbe: olivgrün			1. Tapete
							2. Tür: weiß Rollm: grün Ds: grün
							3. Tü: beige-gelb
							4. Tü: dkl. graub
							5. Tü: beige-ock
							6. Tü: dkl. graub
	2. Tü: h-blau	2. Tü: h-blau	2. Tü: h-blau	2. Tü: graublau	1. Tü: graublau	7. Tü: blau	
		3. Tü: dkl. oliv	3. ?				8. Tü: dkl. ocker
		4. Tü: gelbocker	4. ?				
		5. Tü: h-rosa	5. Tü: h-rosa			2. Tü: h-rosa	
	3. Zementputz		6. Zementputz	3. Zementputz			9. Zementputz
	4. Ziegel						10. Ziegel
Periode III (um 1725 – Ende 19. Jahrhundert)		6. Tü: h-rosa		4. Tü: rosa-ocker			1. Tü: rosa-ocker Ds: dkl. blau blau
		7. Tü: h-ocker					
		8. Tü: dkl. ocker					
		9. Tü: ockergelb					
		10. Tü: weiß-gelb					
		11. Tü: weiß-gelb Spm: braun					
				5. Tü: blassblau			
Periode II (1651 – um 1725)		7. Lehm u. Haare	6. Lehm u. Haare	3. Lehm u. Haare		2. Lehm u. Haare	
			8. Lehm u. Stroh	7. Lehm u. Stroh			
		Tü: weiß Tü: hell-blau			Tü: weiß? Tü: blau		
						3. Tü: weiß, verschmutzt	
		9. Kammstrich Lehm Lehmstakung	8. Lehmziegel	4. Tü: schwarz verrußt? Lehmstakung		4. Lehmstakung	
Periode I (1375 – 16./17. Jh.)		12. dkl-braun scharz verrußt					
		13. Balken					

Synchronisation der Schichtenfolgen der Untersuchungsstellen 1-14.
Tü = Tünche; Rollm = Rollmuster; Spm = Sprenkelmuster; h = hell; dkl = c

1. OG, R 3	9 2. OG, R 3	10 2. OG, R 3	11 2. OG, R 3	12 3. OG, R 1	13 3. OG, R 4	14 3. OG, R 4	
				1. Tapeten	1. Tapete	1. Tapete	Periode IV (Ende 19. Jahrhundert - 1976)
. Tü: gelbweiß Rollm: braun Ds: braun		1. Tü: weiß Rollm: grün Ds: oliv	1. Tü: weiß Rollm: grün Ds: oliv	2. Tü: gelbgrün Ds: weiß			
. Tü: h-blau							
Tü: dkl oliv							
Tü: braun-oliv							
Tü: rosa	1. Tü: grauweiß	2. Tü: weiß Ds: blau blau	2. Tü: weißblau Ds: blau blau				Periode III (um 1725 - Ende 19. Jahrhundert)
			3. Tapete				
	2. Tü: beige	3. Tü: gelbweiß Ds: blau	4. Tü: oliv-ocker Ds: blau				
	3. Tü: weiß	4. Tü: gelb Ds: blau	5. Tü: weiß Ds: blau				
			6. Tü: weiß Ds: blau				
	4. Lehm mit Häcksel						
	5. Tü: beige	5. Tü: beige Spm: blau Ds: rot-braun	7. Tü:orange-braun Spm: blau Ds: rot-braun	3. Tü: rosa-braun	2. Tü: weiß-gelb Spm: rot	2. Tü: rot-ocker	
ü: blau-grün				4. Tü: h-blau	3. Tü: h-blau	3. Tü: h-blau	
ü: hellgrau							
ü: dkl grauoliv				5. Tü: grauoliv Ds: blau Muster: blau Ds: blau Muster: grau Ds: rotbraun			
ü: violett-rosa							
ü: gelb-braun							
ehm u. Haare	6. Lehm u. Häcksel	6. Lehm u. Häcksel	9. Lehm u. Häcksel	6. Lehm u. Stroh	4. Lehm u. Haare	5. Lehm u. Haare	
			10. Tü: grau		5. Tü: grau-weiß		Periode II (1651 - um 1725)
					6. Lehm u. Stroh		
			11. Lehm	7. Kammstrich Lehm	7. Kammstrich Lehm		
			12. Tü: h-gelb	8.Tü:schwarzbraun Lehmputz			
hmstakung			13. rosa Kalk- Lehmputz abgehängte Decke	9. Tü: schwarz Kammstrich Lehmstakung	8 Kammstrich Lehmstakung		
		Türgewände					Periode I (1375 - 16./17. Jh.)
	7. speckig schwarzverrußt Lehmstakung	8. speckig schwarzverrußt Balken	14. speckigschwarz verrußt Lehmstakung		6. schwarzbraun 7. Lehmstakung		

1 Beispiel für die Synchronisation der Schichten: Alsfeld, Hersfelder Str. 10/12, aus: Marburger Schriften zur Bauforschung 4, Der Alsfelder Ständerbau, Marburg 1985

FARBDOKUMENTATION

BEFUNDSTELLE	14
LAGE	Bauteil A, Dachgeschoß, Zugang vom Treppenturm, Ost- u. Westwand
OBJEKT	Ehem. Gutshof von Buttlar
ORT	Witzenhausen-Ermschwerd
BEARBEITER	Restauratorin U. Höhfeld
DATUM	Juni/Juli 1987

Bei der offenliegend erhalten gebliebenen Fachwerkaufmalung dieser Befundstelle handelt es sich offenbar nicht um eine schwarze Fachwerkaufmalung mit grauer Schattenkante, sondern um eine graue Fachwerkaufmalung, wie sie seit der 2. Hälfte des 17. Jahrhunderts üblich wurde. Hierzu passend sind auch die Blumenmotive in den jeweiligen unteren Zwickeln, die stilistisch ebenfalls dem 17. Jahrhundert zuzurechnen sind.
Offenbar hat diese Fassung seit ihrer ersten Anbringung bis zur Gegenwart offengelegen und war nie verdeckt.

Befundlage

Detail des Befundes

2 Beispiel für den Dokumentationsbericht: Untersuchung des ehemaligen Gutshofes von Buttlar in Witzenhausen-Ermschwerd mit Leitblatt für eine Untersuchungsstelle und Schichtenblatt mit aufgeklebten Aquarellausmischungen

ABFOLGE	14	Dachgeschoß, Zugang vom Treppenturm, Westwand und Ostwand
SCHICHT	1-G	

	A	B	C	
1				(A:) vergraute Gefachfelder mit (B:) dunkelgrauen Randstreifen, 2-4,5 cm breit; (C:) anliegender schwarzer Begleiter, 0,5 cm breit; im Abstand von ca. 3,5 cm ein 0,5 cm breiter, schwarzer Begleiter, an den Ecken überkreuzend; Blumenmotive in den unteren Zwickeln
2				P XI: fester weißer Kalkputz mit Flachshächsel
3				P XIV: grober Strohlehm
G				Lehm auf Wandgeflecht

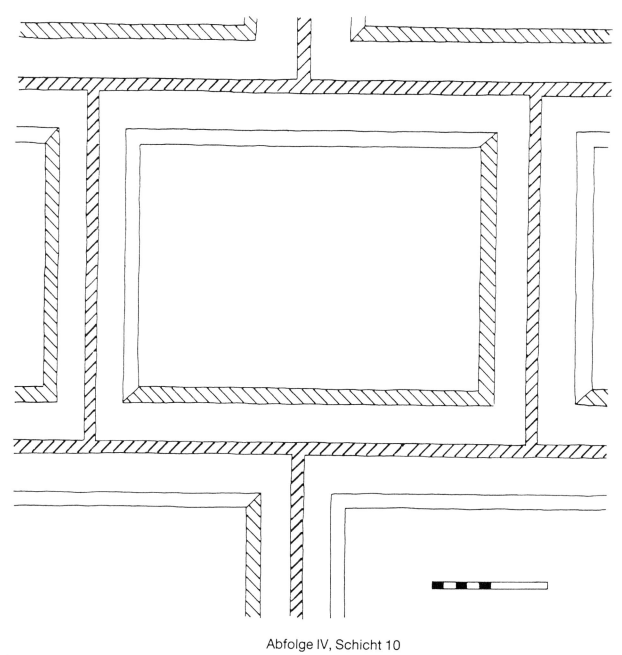

Abfolge IV, Schicht 10

3 Beispiele für die zeichnerische Dokumentation von Farbfassungen: Marburg, Hirschberg 13, aus: Marburger Schriften zur Bauforschung 3, Hirschberg 13. Ein Haus von 1321, Marburg 1984

stand bzw. bestimmten Umbauten haben, sind hiermit selbst genauso exakt zu datieren. Das Problem liegt auch hier in der sicheren Zuordnung, denn in vielen Fällen ist nicht eindeutig zu unterscheiden, ob es sich bei der untersten vorgefundenen Schicht wirklich um die „Erstfassung" handelt. Eine Untersuchung des Putzuntergrundes und des Gefachaufbaues kann hier Entscheidungshilfen liefern, sicher wird die Zuordnung aber nur durch eine größere Zahl gleichartiger Befunde. Gerade auch der datierbare Umbau, auf den eine Schicht oft besser und sicherer zu beziehen ist als eine Fassung auf den Erbauungszustand als Erstfassung, hat hier in vielen Fällen zur sicheren Datierung beigetragen.
Die Synchronisation der Bemalungsarten aller untersuchten Stellen führte dann zu einer absoluten Chronologie für die ganze Stadt Marburg, die inzwischen durch Befunde in weiteren hessischen Städten bestätigt wurde. Vor dem Hintergrund dieser methodischen Überlegungen wird klar, wie die in anderen Gegenden auch heute noch anzutreffende Verwirrung bei der Datierung von Fachwerkfarbfassungen zustande kommt: Das meist stilistisch oder auch schon mit dendrochronologischen Methoden genau ermittelte Erbauungsdatum eines Hauses wird oft unüberlegt auf eine gefundene Farbschicht, im günstigsten Fall auf die älteste erhaltene, bezogen, ohne daß es sich wirklich um eine Erstfassung handelt. So gibt es beispielsweise nicht wenige mittelalterliche Fachwerkhäuser, deren älteste erhalte-

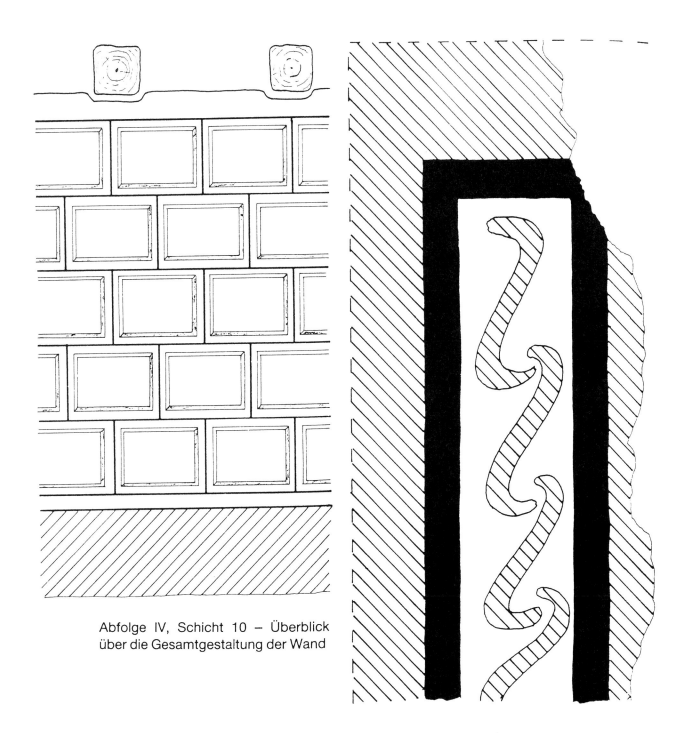

Abfolge IV, Schicht 10 – Überblick über die Gesamtgestaltung der Wand

Abfolge VI, Schicht 4

nen Putzoberflächen erst im 16. oder 17. Jahrhundert beginnen. Schließt man hier Erbauungsdaten und gefundene Fassung zusammen, ergeben sich solche Fehldatierungen, für die es viele Beispiele gibt.

Die Untersuchung

Ausgehend von der Analyse des Baukonzeptes des untersuchten Hauses werden die zu untersuchenden Stellen festgelegt. In der Größe der nun anzulegenden Schnitte liegt bereits ein Konflikt zwischen den Forderungen nach weitgehender Substanzerhaltung und optimaler wissenschaftlicher Klärung der farbigen Gestaltungskonzepte begründet. Zur sicheren Klärung der Gestaltungskonzepte ist folgende Vorgehensweise bewährt und meist unumgänglich: Die Untersuchung beginnt mit einem Suchschnitt über die gesamte Wand von der Decke bis zum ältesten Laufhorizont. Der Schnitt gibt einen sicheren Überblick über die zu erwartenden Schichtenabfolgen und erlaubt die Erfassung von Bemalungen mit horizontaler Gliederung der Wand in Sockel- und Deckenabschlußzone.

Ausgehend von diesem Suchschnitt werden nun horizontale Schnitte über die senkrechten Hölzer gelegt, um die Gestaltung von Fachwerkaufmalungen zu erfassen.

Abfolge IV, Schicht 5

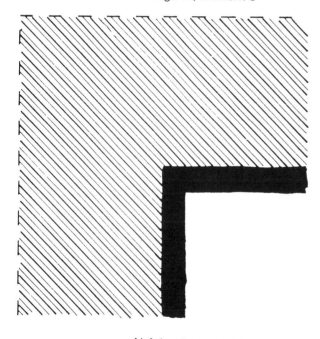

Abfolge IV, Schicht 6

Diese Schnitte können im Umfang beschränkt werden, wenn die Struktur des Fachwerks der Wand bekannt ist. Nach den bis hierhin gemachten Befunden kann meist entschieden werden, ob eine weitergehende, ganze Wandflächen berührende Untersuchung notwendig ist. Dies ist insbesondere bei einem schlechten Erhaltungszustand der Bemalungsschichten angebracht, denn es gibt zwar erfahrungsgemäß Wandbereiche mit besonders guten Erhaltungsbedingungen, so vor allem die Übergänge zur Decke, aber auch lediglich in kleinen Inseln in der Wandmitte erhaltene Schichten sind nicht selten.

Aus Überlegungen der Substanzschonung wird heute in der Regel die Anlage nur sehr kleiner Suchschnitte gefordert. Dies ist angebracht, wenn nur eine ungefähre Klärung des vorhandenen Schichtenaufbaues notwendig ist, Konzepte nicht vollständig erfaßt werden müssen und unmittelbar anschließend nicht die Gefahr besteht, daß im Rahmen der Renovierungsmaßnahmen die so untersuchten Wandflächen doch noch weitgehend in Mitleidenschaft gezogen werden. Dieselben Kriterien gelten auch für die Forderung nach Anlage einer Primärdokumentation in Form von Freilegungstreppen in diesen kleinen Schnitten: Eine vollständige Abfolge der an einer Wand vorhandenen Schichten ist hier in der Regel nicht zu erwarten.

Im Rahmen einer restauratorischen Voruntersuchung ist die geschilderte Vorgehensweise mit kleinen Schnitten in jedem Falle sinnvoll und berechtigt, wenn auf der Grundlage der nun gemachten Befunde weitere Untersuchungen bis zu der oben beschriebenen Größe durchgeführt werden können, um in Ausschnitten erfaßte Bemalungskonzepte nun vollständig zu dokumentieren. Ebenso wichtig ist diese Vorgehensweise, wenn die als wertvoll erkannten historischen Oberflächen anschließend unangetastet bleiben und für einen entsprechenden Schutz der Oberflächen gesorgt werden kann.

Allerdings sieht die bundesdeutsche Sanierungswirklichkeit häufig anders aus: nachdem im besten Fall eine solche geschilderte Voruntersuchung durchgeführt wurde, fehlt meist Geld und Zeit für die eigentliche Untersuchung der anschließend oft ohne Dokumentation vernichteten Fassungen. Das Ergebnis sind fragmentarische Untersuchungen, deren wissenschaftlicher Gehalt gering ist, und die Vernichtung von weitgehend unerkanntem Kulturgut.

Die Dokumentation der Befunde

Die gefundenen Schichten werden, mit der jüngsten bei 1 beginnend, in vorgedruckte Listen eingetragen. Hierbei werden alle Schichten, auch Grundierungen, Putze, Verrußungen und ähnliches, gleichermaßen berücksichtigt und grundsätzlich die Untersuchungsstelle bis auf den Wandkern abgetragen.

Während sich für die erste Schichtenuntersuchung eine Beschreibung des Farbtones als durchaus angemessen gezeigt hat (Abb. 1), liegt nach wie vor ein großes Problem in der Bestimmung und langfristigen Dokumentation des genauen Farbtones unter Berücksichtigung der Alterungs- und Umgebungseinflüsse. Dafür geeignete technische Geräte sind zwar in den letzten Jahren von einer halben Million auf einige zehntausend Mark im Anschaffungspreis gesunken und dabei leistungsfähiger geworden, trotzdem aber für eine breitere Anwendung noch zu teuer.

Die über längere Zeit erprobte Verwendung von Farbkarten, Farblexika u. ä. hat sich rückblickend nicht bewährt. Auch die Fotografie, mit oder ohne Farbkarte, ist vor allem nicht langfristig zur exakten Farbdokumentation geeignet. Zwar ist es bei Verwendung von hochwertigem Dia-Filmmaterial mit möglichst gleichbleibender Emulsion (Professional-Material) und einer Farbkarte sowie großem finanziellen Aufwand bei der Anfertigung von

Decke

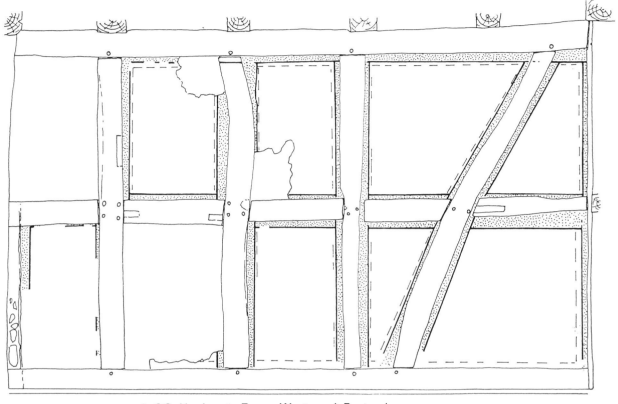

2. OG, Nordwest - Raum, Westwand, Bestand

4 Beispiel für die zeichnerische Dokumentation der Farbigkeit ganzer Wände: Butzbach, Wetzlarer Straße 11
Punktraster mit schwarzem Begleiter: Erstfassung von 1666
Gestrichelt: Spätere hellrote Fachwerkaufmalung ohne Begleiter

Abzügen heute durchaus auch ein zeitweise befriedigendes Ergebnis zu erzielen. Über das langfristige Verhalten von belichtetem Filmmaterial ist heute allerdings nur wenig bekannt und die vorliegenden Untersuchungen sind nicht geeignet, Zweifel an der langfristigen Haltbarkeit und vor allem der Farbstabilität zu zerstreuen.

Für die Dokumentation des Farbtones in den Berichten werden daher vor Ort von einer mit dem Institut zusammenarbeitenden Restauratorin analog zu dem angetroffenen Farbton Aquarellausmischungen hergestellt, die in die späteren Arbeitsberichte eingeklebt werden (Abb. 2). Darüber hinaus hat sich bewährt, von den Farbfassungen Proben zu entnehmen: Heute dürfte die Marburger Sammlung von Putzstücken von Streichholzschachtelgröße bis zu ganzen Gefachen die größte ihrer Art in der Bundesrepublik sein. Zur langfristigen Sicherung werden die Stücke in rahmenartigen Holzkisten eingegossen und die Oberfläche, falls nötig, zusätzlich gesichert. Richtig ausgeführt, ist eine solche Vergießung jederzeit reversibel. Auf diese Art und Weise ist nicht nur der Farbton gesichert, sondern sind auch Proben für weitergehende, heute noch nicht angewendete oder vielleicht nicht absehbare Untersuchungsmethoden sichergestellt.

Hierzu zählen auch mit Marburger Proben bislang noch nicht umfassend durchgeführte farbchemische Analysen. Es ließen sich hiermit zwar bereits Aussagen über Pigmente, Bindemittel und Beimischungen gewinnen, ob darüber hinaus allerdings weitergehende Ergebnisse, die u. U. auch für die Datierung nutzbar gemacht werden könnten, zu erwarten sind, scheint insbesondere beim heutigen Stand der Analytik von Bindemitteln fraglich; jedenfalls sind genügend Proben für spätere Untersuchungen mit erweiterten Fragestellungen gesichert.

Je nach Umfang der gefundenen Bemalung wird diese ganz oder teilweise zeichnerisch dokumentiert (Abb. 3, 4).

Im folgenden sollen die auf dem beschriebenen Wege gefundenen und relativ oder absolut datierten Arten der Bemalungen in Marburg und anderen hessischen Städten in ihrer chronologischen Abfolge vorgestellt werden (Abb. 5 u. 6). Dabei wird unterschieden zwischen mittelalterlichen Gestaltungen, den Fachwerkaufmalungen der frühen Neuzeit und den wandübergreifenden Bemalungen seit dem späten 17. Jahrhundert.

	15. Jhd.	16. Jhd.	17. Jhd.	18. Jhd.

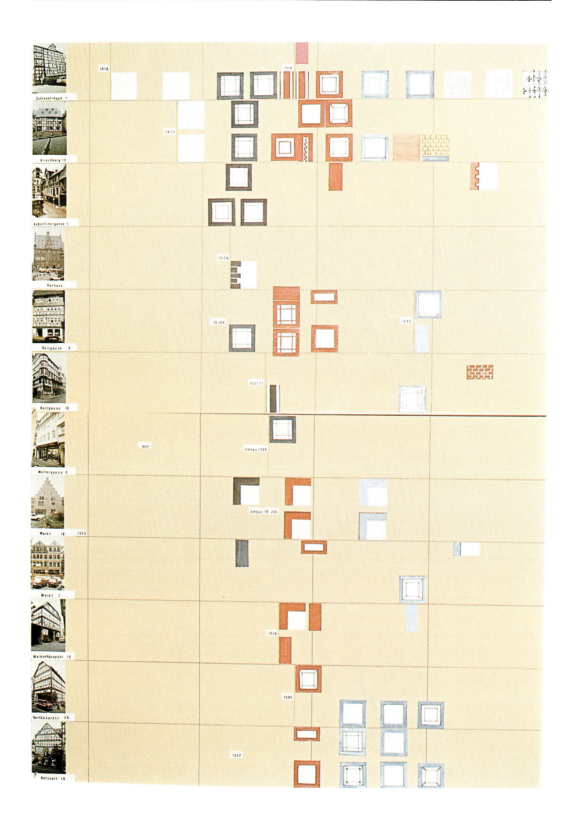

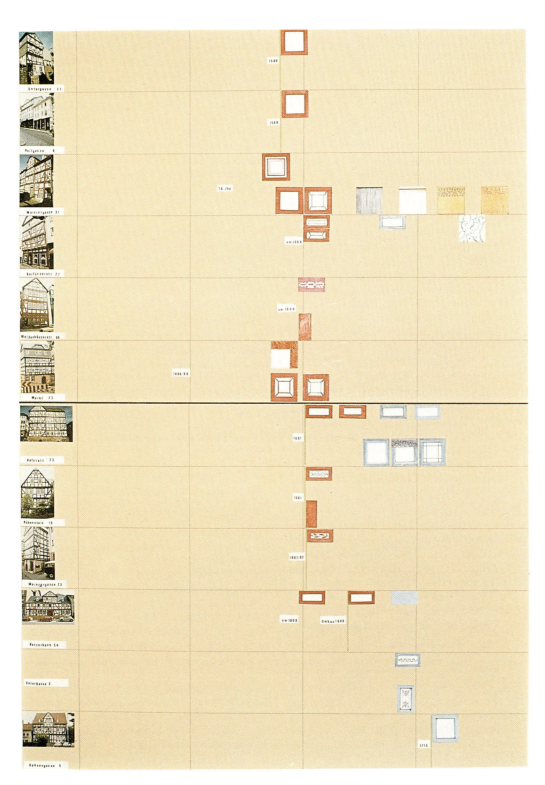

5/6   Überblicksdarstellung zu den Marburger Fachwerkgestaltungen, Stand 1980, an ausgewählten Beispielen

Die mittelalterliche farbliche Gestaltung des Fachwerks

Über Farbfassungen aus der Zeit vor 1500 liegen selbst für das sonst sehr befundreiche Süddeutschland bislang nur wenige Untersuchungsergebnisse vor; sichere Angaben zu einzelnen Fassungen lassen sich nur für das 15. Jahrhundert machen. Für diese Zeit liegen auch für Marburg erste Befunde vor: Danach war es in dieser Zeit üblich, die Gefache mit einem Kalkputz zu überziehen, dessen weiße Oberfläche nicht weiter behandelt wurde. Die Balken wurden entweder nicht farbig behandelt und behielten ihren natürlichen Farbton oder wurden bei einer geringeren Anzahl von Bauten mit einer dünnen Kalkschlämme weiß übermalt, wodurch „weißes Sichtfachwerk" entstand.

Eine bautechnische Besonderheit der im 15. Jahrhundert in Hessen üblichen Ständerbauweise führte zu einer Sonderform dieser Gestaltungsmanier: Da die Dimension der Ständer fast immer stärker war als die der Riegel und Schwerter, wurden diese Hölzer den Ständern in der Regel vor- oder auch manchmal hintergeblattet. Die dann außen oder innen entstehenden Nischen zwischen den Ständern wurden ohne Berücksichtigung der dahinterliegenden Hölzer durchgehend mit langen Streifen von weißem Kalkputz überzogen. Weißer, unbemalter Kalkputz ist beispielsweise 1470 für Alsfeld (Markt 2, hinterer Gebäudeteil) und seit Mitte des 15. Jahrhunderts für Marburg belegt. Gute Beispiele sind der Umbau von Hirschberg 13 1477 und der Nordteil von Augustinergasse 1 von 1497, dessen Außengefache mit weißem Kalkputz schon 1518 von einem Nachbarbau abgedeckt wurden und so erhalten blieben.

Tatsächlich zeigen auch die als Quellen nicht vollständig abzulehnenden, im 15. Jahrhundert entstandenen Tafelbilder und die Aquarelle Dürers um 1500 den unbemalten Kalkputz als Gestaltungsart. Hinzu kommen in den Abbildungen auch nur einfach lehmverputzte Wände, die befundmäßig als mehr oder weniger verschmutzte oder verräucherte Oberflächen nur sehr schwer nachzuweisen sind.

Eine einfache Form der Oberflächengestaltung findet sich darüber hinaus mit der Strukturierung der Oberflächen von Kalkputz durch das Eindrücken von Mustern. Archäologisch nachgewiesene Innengestaltungen zeigen dies in Limburg schon im 13. Jahrhundert, in Homberg/Efze (Abb. 7) und Bad Hersfeld sind an Außenflächen von Bauten Reste eines wesentlich gröberen „Kellenputzes" der 2. Hälfte des 15. Jahrhunderts erhalten.

Über die Gestaltungsformen vor dem 15. Jahrhundert ist bislang nur sehr wenig bekannt. So ist unklar, ob bei dem auf 1290 datierten Haus Kleine Rütsche 4 in Limburg der in zwei übereinanderliegenden Schichten festgestellte unbemalte Kalkputz in das 14. oder sogar 13. Jahrhundert zurückreicht, da zu wenig Erfahrungswerte für die Renovierungsintervalle vor 1500 vorliegen und beispielsweise bei dem 1418 erbauten Marburger Haus Schloßtreppe 1 ebenfalls schon zwei weiße Schichten vorliegen. Eine an anderer Stelle in der Kleinen Rütsche 4 festgestellte Bemalung ist stilistisch relativ sicher in die 2. Hälfte des 15. Jahrhunderts zu datieren: auf dem weißen Kalkputz ist dort entlang der Balken umlaufend eine stilisierte schwarze gotische Ranke aufgemalt.

Mit weiteren Ergebnissen auf diesem Gebiet ist sicher zu rechnen, wenn weitere Gebäude des 13. und 14. Jahrhunderts untersucht sind. Allerdings sind die Erhaltungsbedingungen für mittelalterliche Wandfassungen nach bislang vorliegenden Erfahrungen durch viele inzwischen vorgenommene Umbauten selten günstig gewesen und originale mittelalterliche Oberflächen bei Fachwerkbauten nur sehr selten anzutreffen.

Auch Forschungen am profanen Steinbau und die Auswertung schriftlicher Quellen können wichtige Hinweise zur mittelalterlichen Farbigkeit liefern. So sind beispielsweise in Limburg und Marburg gleichermaßen schon im 14. Jahrhundert je ein „gemalter gaden" bzw. ein „gemaltes haus" genannt. Schon diese Bezeichnung weist darauf hin, daß hier eine besondere, von anderen Gebäuden unterscheidbare Außengestaltung vorgelegen haben muß; wie diese im einzelnen aussah, bleibt unbekannt. Hinzu kommen archäologische Befunde: So scheint es in Göttingen helle Rotbefunde an Fachwerkhäusern vor 1500 zu geben und in Limburg vor 1289 eine orange-rote Bemalung, während für 1230 ein hellgrauer, ca. 40 cm breiter Eckstreifen auf weißem Kalkputz nachzuweisen ist. Daneben läßt das Fehlen von Kalkputz in Hüttenlehmschichten der Stadtbrände von 1261 und 1319 in Marburg darauf schließen, daß der einfache glattgestrichene Lehm als Gefachoberfläche noch weit verbreitet war.

So wurden weiterhin bis in die Neuzeit die in Traufengängen nur schwer einsehbaren Fassadenteile nur mit Lehm geputzt, und selbst im 16. und 17. Jahrhundert waren viele Wände von Küchen noch ungetüncht, wie dicke Glanzrußschichten direkt auf dem glattgestrichenen Lehm zeigen.

Schwarze Fachwerkaufmalungen

Nach 1500 treten erstmalig „Fachwerkaufmalungen" auf. Dieser Begriff bezeichnet eine Bemalungsart, bei der Hölzer und Gefache mit einer dünnen Kalkschlämme überzogen sind. Hierauf ist das Balkengerüst in der Regel unter Berücksichtigung der sich noch abzeichnenden Hölzer farbig aufgemalt, gelegentlich hat man aber auch überhaupt nicht vorhandene Balken gemalt. Durch Randstreifen sind die Balken optisch verbreitert und eventuelle Unregelmäßigkeiten des Kantenverlaufs des Holzes ausgeglichen. Da auf diesem Gebiet einige Verwirrung herrscht, muß die Terminologie definiert werden: Als Randstreifen wird eine in das Gefach verbreiterte Bemalung des Balkens in der Farbe des aufgemalten Balkens verstanden. Bei fast allen Fachwerkaufmalungen ist solch ein mehr oder weniger breiter Randstreifen vorhanden. Hiervon zu unterscheiden ist der Begleiterstrich. Dieser ist entweder ebenfalls in der Farbe der Balken oder in schwarz gemalt; die Begleiter eines Gefachfeldes bilden einen Rahmen, der entweder an den Randstreifen anliegt oder in das weiße Feld gemalt ist. Beide Arten von Begleitern kommen auch zusammen vor und sind dann meist in den Ecken mit einer variierenden Gestaltung verbunden. Diese Eckgestaltung ist ein wichtiges Merkmal zur Unterscheidung gleichfarbiger Fachwerkaufmalungen.

7 Spätmittelalterliche Oberflächengestaltung in Form von „Kellenputz" an dem landwirtschaftlichen Nebengebäude Pfarrstraße 18 in Homberg/Efze, um 1480

Mit dieser Begrifflichkeit lassen sich alle bislang in Hessen gefundenen Fachwerkaufmalungen genau beschreiben; andere Ausdrücke, wie „Begleiterfarbigkeit" etc. beziehen sich in der Literatur auf dieselbe Gestaltungsart, sind aber vergleichsweise ungenau und unzutreffend.

Die früheste gefundene Fachwerkaufmalung in Marburg ist mit schwarzer Farbe ausgeführt. Datierte Erstfassungen lassen es zu, diese Farbfassung von 1524/1532 bis 1576 zu datieren. Offenbar waren damals viele Häuser, vor allem wohl die Neubauten, einheitlich mit dieser schwarzen Fachwerkaufmalung versehen (Abb. 8), wenn sie nicht noch den früheren unbemalten Kalkputz zeigten. Um 1560 treten Überlappungen mit der folgenden roten Fachwerkaufmalung auf (Abb. 9): Während bei einzelnen Häusern noch die schwarze Fachwerkaufmalung erneuert wird, ist an anderen schon die modernere Mode übernommen worden. Dieser Überlappungszeitraum läßt sich auf relativ wenige Jahre einschränken. Zur schwarzen Fachwerkaufmalung kommen schwarze Begleiter im Feld mit überkreuzten Ecken oder durchgezogenen Begleitern an nur zwei gegenüberliegenden Gefachseiten vor.

Parallel zu der Fachwerkaufmalung wurde die schwarze Farbe aber auch zur Aufmalung der Eckquaderung an Steinsockeln von Fachwerkbauten oder Steinbauten verwendet. Bestes Beispiel hierfür ist die Baurechnung des Marburger Rathauses von 1523/24. Hier fanden sich schwarze Quaderungen der Ecken und Absetzungen der Architekturgleichungen zusammen mit roten Holzteilen der Fenster. Auf die weitere interessante farbige Ausstattung des Rathauses kann hier nicht eingegangen werden. Erwähnt werden muß aber, daß für die Fachwerkwand, die die Ratsstube von dem übrigen 1. Stockwerk abtrennte, ebenfalls eine Fachwerkaufmalung gewählt wurde, allerdings in Ocker. Damit ist diese Angabe der Rathausrechnung, die durch Beobachtungen bei den Renovierungen von 1916 und 1987/1988 voll bestätigt wird, der einzige Beleg für ockerfarbene Fachwerkaufmalung in Marburg in der 1. Hälfte des 16. Jahrhunderts, die ansonsten in Süddeutschland in einer ersten Phase bereits vor 1500 zu finden ist, um dann im Laufe des 16. Jahrhunderts zur dort vorherrschenden Gestaltungsart zu werden.

Viele weitere historische Quellen, wie beispielsweise das Inventar der Farbkammer des landgräflichen Schlosses in Marburg um die Mitte des 16. Jahrhunderts, müssen noch ausgewertet werden. Allein schon durch die hier zu findenden zeitgenössischen Farbnamen („Sandsteinfarbe") sind wichtige Aussagen zu den Intentionen der Bemalung möglich.

Die roten Fachwerkaufmalungen

Um 1570 wurde die schwarze von der roten Fachwerkaufmalung abgelöst. Nach der erwähnten kurzen Übergangszeit war diese Art der Gestaltung bis in die Zeit des Dreißigjährigen Krieges, vereinzelt auch noch später, ausschließlich für alle Bemalungen innen und außen

8 Schwarze Fachwerkaufmalung aus dem Hinterhaus von Reitgasse 6 in Marburg, Mitte 16. Jahrhundert

9 Abfolge von unbemaltem Kalkputz, schwarzer und roter Fachwerkaufmalung von dem Umbau des Hauses Hirschberg 13 in Marburg von 1477
Im Kasten eingegossene Probe

verwendet worden (Abb. 10 u. 11). Variationen beschränkten sich auf die Farbe und die Anzahl der Begleiter und die Eckgestaltung. Auch an ein und demselben Gebäude konnten diese je nach Bedeutung der Fassade oder des Raumes unterschiedlich ausgeführt sein. Rotfassungen finden sich als Erstfassungen vor allem bis um 1600 sehr häufig, dann läßt die Neubautätigkeit in Marburg und anderen hessischen Städten und damit die Nachweisbarkeit als Erstfassung sehr nach. Eine letzte Rotfassung ist sogar noch für 1676 belegt, insbesondere in Südhessen ist diese Gestaltung noch länger üblich.

Auch im Steinbau und bei steinernen Sockeln von Fachwerkgebäuden konnte gleichzeitig eine rote Bemalung nachgewiesen werden. Für das Marburger Rathaus wurden um 1570 mehrere Zentner „Nürnberger Rot" gekauft und als Gliederungselement der ansonsten weiß gekälkten Fassade verstrichen. Wahrscheinlich derselbe Rotton wurde um 1620 in Rechnungen für das Marburger Schloß als „Sandsteinfarbe" bezeichnet.

Die ockergelbe Fachwerkaufmalung

Bislang nur bei einem Beispiel konnte in Marburg bisher die ockergelbe Fachwerkaufmalung um 1600 nachgewiesen werden. Über einer roten Erstfassung des 1576 erbauten Hauses Schloßtreppe 5 fand sich auf den Balken und in den Füllgefachen eine hellockergelbe Fachwerkaufmalung mit anliegendem schwarzen Begleiter

10 Rote Fachwerkaufmalung von Hofstatt 23 (1601) in Marburg

11 Rote Fachwerkaufmalung von Wetzlarer Straße 11 in Butzbach, 1666

(Abb. 12). Die heute in Süddeutschland häufig nachgewiesene Fassung kommt insgesamt in Hessen nur sehr selten vor.

Blaugraue Fachwerkaufmalungen

Blaugraue Fachwerkaufmalungen (Abb. 13 u. 14) kommen in Marburg immer grundsätzlich über roten Abfolgen vor; in einzelnen Fällen ist auch die rote Bemalung ausgefallen und blaugraue liegen direkt über schwarzen Schichten. Der blaugraue Farbton schwankt stärker als der rote und reicht von grauen Tönen bis zu dunkel- oder hellgraublau. Zugleich kommt auch wieder eine fast schwarze Bemalung vor, die aber meist nicht die Dichte der hundert Jahre älteren Farbe aufweist und durch die Gestaltung der Begleiter meist von dieser sicher zu unterscheiden ist. Die Befunde von etwa 1640/50 an lassen darauf schließen, daß die Häuser wohlhabenderer Besitzer mit den mehr blauen Tönen gestrichen waren, die ärmerer mehr grau oder schwarz, abhängig davon, ob der Farbton eine reine Weiß-Ausmischung darstellt oder blaue Pigmente zugesetzt wurden. Mit dem Ende der blaugrauen Fachwerkaufmalung im frühen 18. Jahrhundert (letzter Beleg 1715) läuft in der Stadt die Verwendung von Fachwerkaufmalungen aus; schon während der Zeit der Verwendung blaugrauer Farbtöne werden die Häuser außen und innen nicht mehr grundsätzlich gleich behandelt, sondern Innenräume zunehmend mit wandüberdeckenden Gestaltungen versehen. Die

12 Wiederhergestellte ockergelbe Farbigkeit von Schloßtreppe 5 in Marburg, 1576 (zweite Fassung über Rot)

13 Blaugraue Fachwerkaufmalung von Hofstatt 23 in Marburg

Gestaltung der graublauen Bemalungen zeigt die größte Variationsbreite und leitet auch hiermit zu den später verwendeten wandüberdeckenden Fassungen über.

Die Variationsbreite der in Marburg und darüber hinaus in Hessen vorkommenden Fachwerkaufmalungen ist, verglichen insbesondere mit Südwestdeutschland, recht gering.

Es ist nach dem heutigen Stand der Forschung schwer, die Bedeutung der Fachwerkaufmalung richtig einzuschätzen. Einen Hinweis gibt die Beobachtung, daß durch sie die Oberflächen von Wänden und Fassaden gekästelt und zum Teil diamantiert erscheinen, wie es auch bei zeitgenössischen Schreinerarbeiten üblich ist. Offenbar liegt beidem eine gemeinsame Gestaltungsvorstellung zugrunde. Ebenso schwierig ist es, die Bedeutung der verwendeten Farben zu erklären. Alle farbensymbolischen Deutungen müssen angesichts der Unverbindlichkeit der Interpretationsmöglichkeiten, über die man sich übrigens schon im 15. Jahrhundert lustig machte, zurückgewiesen werden. Tatsache bleibt, daß offenbar die Wahl der verwendeten Farben über schwarz, rot und „blau" verlief, damit der Wert des verwendeten Farbmaterials stieg und in Form von Moden eine gewisse Verbindlichkeit zur Verwendung der Farben bestand, wobei gelegentlich „Nachzügler" und besonders fortschrittliche Hausbesitzer festzustellen sind.

Wandüberdeckende Fassungen

Mit den wandüberdeckenden Fassungen des späten 17., 18. und 19. Jahrhunderts wird nicht mehr auf das Fachwerkgerüst Bezug genommen. Die Wände und Decken sind nun lotrecht und möglichst gerade geputzt und bieten so die Grundlage für die verschiedensten Gestaltun-

14 Blaugraue Fachwerkaufmalung von Wettergasse 1 in Marburg

gen, beginnend im 17. Jahrhundert mit Stuckdecken (Abb. 15), die in dem hier untersuchten Bereich in einigen wenigen Beispielen die erste nachweisbare Abkehr von der bisherigen Gestaltung darstellen. Die Abfolge der Schichten wird nun dichter, neben einheitliche farbige Tünchen treten nun Wandgemälde und erste Tapeten: Bis zu 60 Schichten stark wurden solche Gestaltungen gefunden. Viele Fassungen weisen eine Gliederung in Sockel, Mittel- und Deckenabschlußzone mit zum Teil verschiedenfarbiger Gestaltung aus, dazu kommen flächige Quadermalereien, aufgemalte architektonische Türumrahmungen und Möbelrahmungen (Abb. 16) sowie Ofennischen (Abb. 17).

Im 19. Jahrhundert wechseln die verwendeten Farbtöne, zunehmend treten nun Schablonen und Rollstempelmuster auf. Die Variationsbreite der Gestaltungen nimmt dadurch weiter zu und wird immer mehr differenziert (Abb. 18 bis 21). Da es in Marburg kaum im 18. und der 1. Hälfte des 19. Jahrhunderts erbaute Häuser gibt, muß die Methode der datierenden Erstfassung durch die Auswertung von Archivalien ersetzt werden. Hier liegt zur Zeit ein Schwerpunkt der derzeitigen Forschungstätigkeit des Institutes.

Zusammenfassend läßt sich sagen, daß das 1980 veröffentlichte Datierungsschema sich bei der inzwischen stattgefundenen Vervielfachung der Untersuchungsobjekte bestätigt hat und weiter präzisiert werden konnte. Der Vergleich der Marburger Ergebnisse mit Untersuchungen in anderen hessischen Städten und Dörfern zeigt, daß dort prinzipiell die gleichen Abfolgen vorliegen. In Städten annähernd gleicher Größe und Bedeutung stimmen auch die Eckdaten weitgehend überein,

15 Stuckdecke von Augustinergasse 1 in Marburg, um 1668

16 Aufgemalte Möbelrahmung von Reitgasse 2 in Marburg, 18. Jahrhundert

17 Aufgemalte Fayencekacheln von Weidenhäuser Straße 39 in Marburg, 18. Jahrhundert

18 Gestaltung einer Küche von Mühltreppe 2 in Marburg, 19./20. Jahrhundert

während auf dem Lande über hundertjährige Verzögerungen festzustellen sind.

Dies ist zugleich zu beachten bei dem Versuch, auf der Grundlage überregionaler Befunde zu einem Datierungsschema zu kommen: Offensichtlich ist insbesondere in größeren geographischen Räumen, bei unterschiedlichen politischen Territorien, zwischen Stadt und Land mit großen Differenzierungen zu rechnen, die eine einheitliche Datierung und Interpretation unmöglich machen. Fachwerkfarbigkeit kann nur innerhalb einer eng umgrenzten Region sinnvoll datiert werden, Versuche, gerade im stark regional gegliederten Südwesten zu ähnlich umfassenden Aussagen zu kommen, sind prinzipiell zum Scheitern verurteilt.

19 Gestaltung der Küche von Platzgasse 10 in Marburg-Elnhausen, spätes 19. Jahrhundert

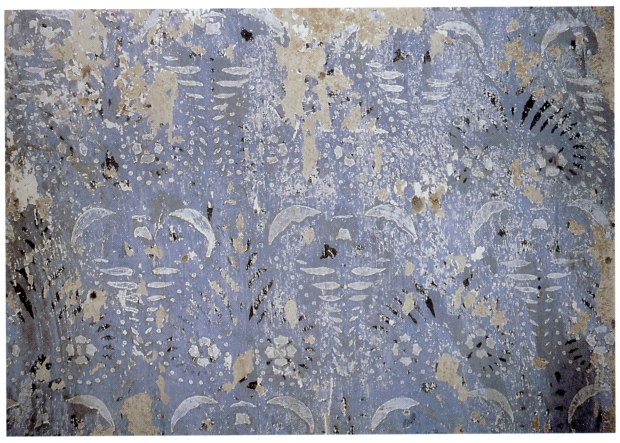

20 Schablonenmuster von Platzgasse 10 in Marburg-Elnhausen, spätes 19. Jahrhundert

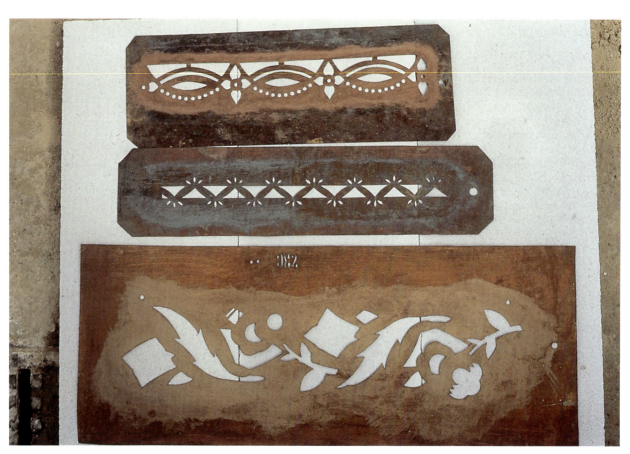

21 Schablonen aus Alsfeld, um 1900

Abbildungsnachweis
Sämtliche Abbildungen: Freies Institut für Bauforschung und Dokumentation e.V., Marburg

Neuere Beobachtungen zu Farbfassungen an Fachwerkgebäuden in Südwestdeutschland

Eckart Hannmann

Die südwestdeutsche Fachwerklandschaft wird heute überwiegend farbig geprägt durch braune bzw. rote Fachwerkgefüge und helle weiße bis eierschalenfarbene Gefache. Auch die unter denkmalpflegerischer Beratung vorgenommenen Instandsetzungen bewegten sich noch bis vor wenigen Jahren in diesem Farbkanon. Die Denkmalpflege war in dieser Beziehung nur ein Spiegelbild der Bauforschung, deren Interesse sich hauptsächlich auf das konstruktive Gefüge eines Fachwerkhauses beschränkte und das Problem der historischen Farbgebung weitgehend ausklammerte und dies, obwohl schon Anfang des Jahrhunderts, etwa auf den „Tagen für Denkmalpflege", Forderungen nach systematischen Farbuntersuchungen an Fachwerkgebäuden erhoben wurden.[1]

Erst als im Zuge der in den 70er Jahren aktuellen kräftigeren Architekturfarbigkeit nicht nur Gründerzeitfassaden, sondern auch Fachwerkhäuser modisch, aber unhistorisch herausgeputzt und ganze Fachwerkstädte und -dörfer mit Farbleitplänen förmlich überzogen wurden, wachte die Denkmalpflege auf (Abb. 1).

Fortan wurden im Zuständigkeitsbereich des Tübinger Denkmalamtes, Südwürttemberg, Fachwerkgebäude grundsätzlich methodisch nicht anders denkmalpflegerisch behandelt als z. B. Kirchen oder Schlösser: d. h. zunächst einmal, die Gebäude wurden bei anstehenden Sanierungen innen und außen nicht allein auf das konstruktive Gefüge hin, sondern auch auf Spuren früherer Farbfassungen restauratorisch untersucht.

Die bei diesen Untersuchungen gewonnenen Erkenntnisse haben unser Bild und damit unser Wissen von der historischen Farbigkeit in einer kaum geahnten Weise bereichert. Die Untersuchungsergebnisse waren zum Teil so überraschend und mitunter, für den Laien zumindest, so befremdlich, weil ungewohnt, daß ihre Umsetzung in der denkmalpflegerischen Praxis häufig auf Widerstände des Bauherren oder auch ganzer Gemeinderäte stieß. Im folgenden soll ein kleiner Ausschnitt aus dem vielfältigen Spektrum vorgeführt werden.

Gelbes Fachwerk:

Das erste ockergelbe Fachwerk im Außenbereich wurde in Tübingen 1977 an einem aus der Mitte des 16. Jahrhunderts stammenden Haus in der Haaggasse entdeckt (Abb. 2). Die Gefache sind weiß gekalkt und weisen entlang der Balken einen dünnen schwarzen und einen breiteren hellgrauen Begleitstrich auf. Zwischen den Balkenköpfen konnte eine gemalte Imitation roter Ziegel mit weißen Fugen freigelegt werden.[2] Inzwischen sind wohl mehr als 200 Ockerfassungen im südwestdeutschen Bereich, und hier schwerpunktmäßig im mittleren Neckarraum, nachgewiesen.[3]

Ebenfalls 1977 kam im Inneren eines anderen Tübinger Gebäudes des 16. Jahrhunderts als unterste Schicht

1 Veringenstadt Kr. Sigmaringen. Beispiel für eine unhistorische Farbgebung nach einem Farbleitplan von 1975

unter einer Grau- und mehreren Ockerfassungen mit verschiedenartigen Begleitstrichen eine weitere ockerfarbene Holzfassung zum Vorschein, die auf den Putz der Gefache übergreift und hier mit einem schwarzen Begleitstrich abgeschlossen wird. Zu dieser Fassungsschicht gehört auch die Ausmalung mit Ranken und Wappen (Abb. 3).

Ockergelbes Fachwerk mit einem schwarzen Beistrich fand sich auch bei dem unlängst sanierten Südflügel des Tübinger Schlosses, mit dessen Bau 1533 begonnen wurde (Abb. 4). Die Zwerchhäuser und teilweise auch die Gauben weisen im Inneren eine der Außenfassung analoge Bemalung auf, obwohl das Dach nie für Wohnzwecke ausgebaut war. Auf einer um 1620 von dem Schloßhauptmann Nikolaus Ochsenbach gezeichneten Ansicht wird der restauratorische Befund bestätigt (Abb. 5). Deutlich ist hier das gelbe Fachwerk zu erkennen, während die unter den Fenstern befindlichen grünen Zugläden in rotgefaßten Holzführungen sitzen.[4]

2 Tübingen, Haaggasse 13
Ockerfarbenes Fachwerk mit Ziegelbemalung zwischen den Balkenköpfen.

3 Tübingen, Marktgasse 4
Innenbefund an der Nordwand des ersten Obergeschosses

Zum 300jährigen Gründungsjubiläum der Universität Tübingen 1777 erhielt die Alte Aula ihre heutige spätbarocke/frühklassizistische Fassade (Abb. 6). Eine vor diesem Umbau angefertigte Bauaufnahme des früheren Zustandes zeigt die Fachwerkkonstruktion aus der Erbauungszeit 1547 (Abb. 7). Offenbar war 1777 das gelbe Fachwerk, wahrscheinlich mehrfach erneuert, noch sichtbar. Damit hat dieses Universitätsgebäude eine der spätesten belegten Gelbfassungen in unserem Bereich.

Selbstverständlich wurden auch außerhalb Tübingens in den letzten Jahren immer wieder Gelbfassungen gefunden, so etwa in Blaubeuren bei einem 1602 gebauten herrschaftlichen Haus, wobei der Ockerton auf die Gefache herausgezogen und durch einen grau-schwarzen Begleitstrich von den hellen Gefachen abgesetzt wurde. Geringe Spuren von grauen Blattornamenten in den Zwickeln einiger größerer Gefache konnten allerdings nicht mehr rekonstruiert werden.[5] In dem benachbarten ehemaligen Vogtshaus aus der Zeit um 1600 fand sich kürzlich eine aus der Erbauungszeit stammende bemalte Holzdecke (Abb. 8). Die zugehörige, hier noch nicht freigelegte Fassung des Fachwerks war, wie inzwischen festgestellt wurde, ebenfalls Ocker, während die gleichzeitige Fassung des Vorraumes graue Balken mit grauen Begleitstrichen und einer ornamentalen Graubemalung der Decke zeigt.

Noch kein klares Bild konnte bei einem gotischen, aus dem 15. Jahrhundert stammenden Fachwerkhaus in Blaubeuren gewonnen werden, wo als unterste Schicht eine Ockerfassung der Balken mit einer zugehörigen Eckquadrierung auf dem Verputz im Erdgeschoß gefun-

4 Tübingen, Schloßinnenhof
Blick auf den Südflügel mit ockergelbem Fachwerk und gemalter Sockelquadrierung

5 Tübingen, Schloß
Aquarell um 1620 aus dem Skizzenbuch des Schloßhauptmannes Nikolaus Ochsenbach

6 Alte Aula in Tübingen von 1547
Umgebaut und mit neuer Fassade versehen 1777 durch R. F. H. Fischer

den wurde. Es spricht einiges dafür, daß die Ockerfassung erst aus der zweiten Hälfte des 16. Jahrhunderts stammt, als die ursprünglich in Fachwerk gebauten Erdgeschosse häufig durch massives Mauerwerk ersetzt wurden.[6]

Analysiert man die bislang vorliegenden Untersuchungsergebnisse bezüglich gelben Fachwerks, muß man feststellen, daß diese Fassungsart offensichtlich um die Mitte des 16. Jahrhunderts bis ins erste Drittel des 17. Jahrhunderts hinein beliebt war, was natürlich nicht ausschließt, daß noch früher und auch später Gelbfassungen vorkommen.

In der zweiten württembergischen Bauordnung von 1655 heißt es zu den Malerarbeiten u. a.:

„Von der Ruhten außwendig an hölhzernen Stöcken, da das Holtzwerck einmal mit einer Leim- und Oelfarb angestrichen, die Rigelfelder aber gedincht, geweisst, geschattirt, und mit Strichen schwartz eingefaßt.   2. fl.

..... Von der Ruthen inwendig in den Gebäuen zu tinchen, weissen, schattieren, einzufassen, und mit einer Leimfarb grau in grau anzustreichen.   45. kr.

Von gelber Farb aber, und mit Zügen oder Rollwerck
1. fl. 24. kr."[7]

Interessant in unserem Zusammenhang ist, daß diese Bauordnung von 1655 zwei Farbmöglichkeiten, nämlich das billigere Grau und das teurere Gelb erwähnt und daß immer von Begleitstrichen sowohl außen wie innen die Rede ist. Die restauratorischen Untersuchungsergebnisse bestätigen die in der Bauordnung enthaltenen Angaben, die offensichtlich nur das schon seit Jahrzehnten Gebräuchliche festschrieb.

Graues Fachwerk:

Die ersten Graufassungen von Fachwerk in unserem Bereich datieren aus der Zeit um 1600. Bereits 1976 stieß man bei der systematischen Untersuchung eines gegen 1600 gebauten Hauses in der Hirschgasse in Tübingen auf graugefaßtes Fachwerk (Abb. 9). Die gekalkten Gefache waren durch schwarze Doppelstriche, die zu den Balken anschattiert sind, gerahmt, während die schmalen Felder zwischen den vorstoßenden Balkenköpfen eine graue ornamentale Rankenmalerei aufweisen, wodurch die horizontale Gliederung der einzelnen Stockwerksabschnitte besonders betont wird (Abb. 10). Die gestalterische Betonung der vor Bewitterung gut geschützten Gefache zwischen den auskragenden Deckenbalken ist immer wieder festzustellen, etwa bei dem schon gezeigten gelben Fachwerkhaus in der Tübinger Haaggasse mit der ziegelimitierenden Bemalung (Abb. 2) oder dem Alten Rathaus in Biberach, wo

7 Alte Aula in Tübingen
Bauaufnahme vor dem Umbau
von 1777

man 1975 ein komplettes dekoratives System mit gemalten pflanzlichen Motiven aus der Zeit um 1580/90 aufdeckte.

Ähnliche Befunde wie am Außenbau lassen sich auch im Inneren feststellen (Abb. 11). Das 1453 errichtete Kornhaus in Tübingen wird gegenwärtig zu einem Museum umgebaut. 1607 wurde es um ein Geschoß aufgestockt. Die Felder zwischen den Deckenbalken zeigen eine graue Rankenbemalung, die identisch mit der entsprechenden Bemalung des graugefaßten Hauses in der Hirschgasse ist. Hier wie dort ist mit Sicherheit der gleiche Maler tätig gewesen. Wichtig wird der Befund im Kornhaus aber dadurch, daß in einem Feld die gemalte Jahreszahl 1607 steht, dem Jahr der archivalisch und gleichzeitig dendrochronologisch nachgewiesenen Aufstockung. Auch die Begleitstrichbemalung in den Gefachen ist identisch mit der Außenfassung des Hauses in der Hirschgasse. Eine ähnliche Begleitstrichbemalung, die allerdings an den Deckenbalken in eine Ockerfassung übergeht, befindet sich an der Holzdecke (Abb. 12).

Dort, wo mehrere Fassungsschichten angetroffen wurden, war es zumeist so, daß die Graufassung über der Gelbfassung lag. Die schematische Darstellung einer Befundsituation in einem 1511 gebauten Haus in Tübingen mag dies verdeutlichen (Abb. 13). Die unterste Schicht zeigt ockerfarbenes Fachwerk mit einem schwarzen, anschattierten Beistrich. Die Zweitfassung des Fachwerks war Blaugrau mit anschattiertem Doppelstrich; dann kam wieder eine Ockerfassung, diesmal

8 Blaubeuren, Alb-Donau-Kreis, Rittergasse 3. Bemalte Holzdecke des frühen 17. Jahrhunderts nach der Freilegung

9 Tübingen, Hirschgasse 3
Graues Fachwerk mit Begleitstrichen und grauer Rankenmalerei zwischen den Balkenköpfen, um 1600

allerdings mit zwei schwarzen Begleitstrichen und zum Schluß abermals eine Graufassung mit einem schwarzen Begleitstrich. Ocker und Grau, die beiden in der Bauordnung von 1655 erwähnten Farben, wechselten also ständig.

Grau mit Beistrichen als Zweitfassung wurde im Inneren eines anderen Tübinger Gebäudes in der Rathausgasse entdeckt, ein Haus, das in seinem ältesten Kern nach der dendrochronologischen Datierung um 1290 gebaut und dann im 15. Jahrhundert umgebaut wurde (Abb. 14). Die Erstfassung, bei der die Farbe des Holzes nicht mehr zu bestimmen war, zeigt eine die Gefache vollflächig ausfüllende gotische Rankenmalerei der Zeit um 1500. Darüber liegt die erwähnte Graufassung, wobei einige Balken zusätzlich als gemalte Balken eingefügt wurden.

Eine weitere Graufassung im Innenbereich ist im ehemaligen Bebenhäuser Klosterhof freigelegt worden (Abb. 15). Die graue Balkenfarbe wurde auf die Gefache herausgezogen, die ihrerseits mit einer Roll- und Beschlagwerksmalerei verziert wurden. Diese Fassung dürfte in der ersten Hälfte des 17. Jahrhunderts entstanden sein.

Die späteste Graufassung im Fassadenbereich wurde bislang in Ulm an einem Haus des 15. Jahrhunderts gefunden (Abb. 16). Durch bildliche Ansichten und eine aufgemalte Jahreszahl ist diese Fassung auf 1780 zu datieren. Zu dieser Graufassung gehört eine blaue Begleitstrichbemalung (Abb. 17).

Graues Fachwerk scheint nach dem bisherigen Kenntnisstand eine typische Renaissancefassung zu sein, die besonders in der ersten Hälfte des 17. Jahrhunderts ver-

10 Tübingen, Hirschgasse 3
Ornamentale Bemalung zwischen den Balkenköpfen nach der Freilegung

11 Tübingen, Kornhaus
Ornamentale Bemalung mit gemalter Jahreszahl 1607

12 Tübingen, Kornhaus
Holzdecke mit Begleitstrichbemalung. Deutlich ist zu erkennen, daß die Begleitstriche nicht die Krümmung der Deckenbalken egalisieren.

13 Tübingen, Lange Gasse 20. Schematische Darstellung einer Schichtenabfolge im Inneren des 1511 gebauten Hauses durch Restaurator Prof. Dr. Ingenhoff/Tübingen

breitet war. Das Ulmer Gebäude ist dabei sicherlich als Ausnahme von der Regel zu werten, zumal bei dem Ulmer Beispiel hinzukommt, daß das Gebäude schon vor der Graufassung von 1780 offenbar ebenfalls graues Fachwerk hatte, allerdings mit einer anderen Begleitstrichmalerei, und diese ältere Fassung wohl nur mehr oder weniger aufgefrischt wurde.

Rotes Fachwerk:

Schwieriger als bei den Gelb- und Graufassungen ist eine zeitliche Zuordnung der Rot- bzw. Rotbraun-Fassungen, die, von der Zahl her gesehen, in unserem Bereich dominieren.[8] Wenn man durch das Land fährt, kann man häufig unter abblätterndem Verputz rotes Fachwerk erkennen, wie etwa bei einem Bauernhof in der Nähe von Ehingen, dessen Fachwerk mit den geknickten Fußbändern und den stockwerksübergreifenden Streben in das spätere 16. Jahrhundert zu datieren ist (Abb. 18).

Das im späten 14. Jahrhundert errichtete Haus in Saulgau[9] wurde bei seiner Sanierung vor ca. acht Jahren im Balken- und Bohlenbereich rot gestrichen, weil bei der restauratorischen Untersuchung nur diese Farbe gefunden werden konnte (Abb. 19). Es ist allerdings zu bezweifeln, ob dies die ursprüngliche Farbgebung ist, da vermutlich Fachwerkhäuser aus gotischer Zeit nicht oder sehr selten gefaßt waren. Zumindest liegen aus unserem Bereich bislang noch keine Farbhinweise für Fachwerkhäuser des 14. und 15. Jahrhunderts vor.

14 Tübingen, Rathausgasse 1
Gotische Rankenbemalung mit darüberliegender Graufassung des Fachwerks, zu der die anschattierten Begleitstriche gehören. In der Bildmitte ein gemalter grauer Fachwerkbalken

Bei einem anderen, um die Mitte des 15. Jahrhunderts errichteten Gebäude in Pfullingen[10] konnte die rote Farbgebung eindeutig als erste, allerdings nicht aus der Erbauungszeit stammende, sondern ca. 150 Jahre spätere Fassung nachgewiesen werden, als das für die sogenannte alemannische Bauweise typische verblattete Fachwerk mit seinen großen Gefachen außen und innen eine reichere, kleinteiligere Fachwerkbehandlung mit gemalten Riegeln, sogenannten Feuerböcken und Begleitstrichen erhielt (Abb. 20). Das Pfullinger Beispiel zeigt, daß um 1600 innen und außen eine einheitliche Farbgebung bestanden hat. In anderen Fällen konnte eindeutig eine unterschiedliche, aber gleichzeitige Farbfassung, etwa innen Grau und außen Rot, nachgewiesen werden.

1976 wurde in Tübingen ein Fachwerkhaus des 16. Jahrhunderts restauriert, das gegen 1700 um ein Geschoß aufgestockt wurde (Abb. 21). Im Bereich des aus dem 16. Jahrhundert stammenden Fachwerks wurde eine Rotfassung mit grauen und schwarzen Begleitstrichen gefunden. Als man das Haus um 1700 aufstockte, muß das Haus komplett verputzt und, wie fragmentarische Reste zeigten, mit einer barocken Ornamentmalerei verziert worden sein. Die damals in einer Phase der Fachwerkeuphorie getroffene denkmalpflegerische Entscheidung ist zweifellos im Nachhinein sehr fragwürdig, weil das Haus sich jetzt in einem Zustand präsentiert, der so, historisch gesehen, niemals bestanden hat. Es ist allenfalls als archäologisches Präparat, an dem Baugeschichte ablesbar ist, oder unter stadtbildpflegerischen Aspekten zu würdigen.

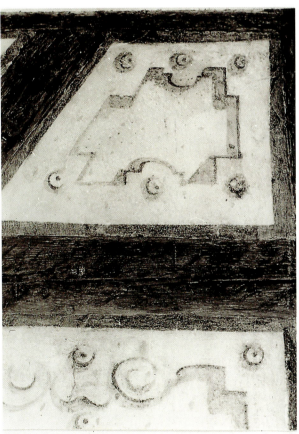

15 Tübingen, Bebenhäuser Klosterhof
Graues Fachwerk mit Beschlagwerksmalerei

16 Ulm, Hafengasse 1
Gotisches Haus mit grauem Fachwerk. Unter dem gemalten Bäckerzeichen die ebenfalls gemalte Jahreszahl 1780

17 Ulm, Hafengasse 1
Blaue Begleitstrichbemalung von 1780 nach der Freilegung durch Restaurator Kurt Kneer/Ulm

18 Ehingen-Berg, Alb-Donau-Kreis, Bauernhaus neben der Kirche. Gut zu erkennen ist unter dem abblätternden Verputz eine Rotfassung des Fachwerks.

Wenn man die bisherigen Erkenntnisse über rotes Fachwerk zusammenfaßt, wird man feststellen müssen, daß in unserem Gebiet diese Fassungsart offensichtlich im späten 16. Jahrhundert einsetzt und dann vornehmlich im 17. und 18. Jahrhundert angewendet wurde, also auch zu Zeiten, als gelbes und graues Fachwerk beliebt war.

Weißes Fachwerk:

Obwohl Bongartz[11] bereits 1980 auf eine Sonderform des Fachwerkbaues in Südwestdeutschland, nämlich weißes Sichtfachwerk, aufmerksam gemacht hat, wurde im Tübinger Bereich weißes Fachwerk erst vor kurzem restauratorisch nachgewiesen. In den Dörfern etwa um Tübingen herum finden sich noch heute Fachwerkhäuser, bei denen Gefache und Holzkonstruktionen einheitlich weiß überkalkt wurden und das Fachwerk sich nur durch seine andere Oberflächenstruktur von den Putzfeldern absetzt.[12] Da eine solche Fachwerkbehandlung, bei der farbig grundsätzlich nicht zwischen Holz und Putz unterschieden wird, bisher nur für einen ganz engen Zeitraum, etwa 1780—1810, nachweisbar ist, wird man diese zweifellos billigere Farbgebung nicht allein als „Arme-Leute-Fassung" erklären können. Viel wahrscheinlicher ist, daß man durch eine solche undifferenzierte Fassung sich dem Aspekt eines Putzbaues annähern wollte, der seit dem 18. Jahrhundert den Sichtfachwerkbau allmählich verdrängte.

In der Tübinger Altstadt wurde in diesem Jahr bei einem Haus des späten 18. Jahrhunderts der Weißbefund

19 Saulgau, Kr. Sigmaringen, Schützenstraße 7, dendrochronologisch 1380 datiert

Skizze IV **PFULLINGEN "SCHLÖSSLE" NORDOSTANSICHT**

20 Pfullingen, Kr. Reutlingen, „Schlößle" Querschnitt mit Blick auf die Bohlenstube. Schematische Darstellung der Befundsituation durch Restaurator Prof. Dr. Ingenhoff. Das gemalte Fachwerk ist vollflächig rot angelegt.

rekonstruiert (Abb. 22). Die Umsetzung dieses Befundes in die praktische Ausführung bereitete allen Beteiligten größere Schwierigkeiten, weil es mit einem schlichten Überkalken, wie in früheren Zeiten, heutzutage bekanntlich nicht mehr so einfach ist.

Verputztes Fachwerk:[13]

Das Tagungsthema und auch das bisher Gesagte suggerieren möglicherweise den Eindruck, daß Fachwerkfreilegungen ursprünglicher Sichtfachwerkgebäude unter allen Umständen anzustreben sind. In vielen Fällen kann das denkmalpflegerische Ziel jedoch nicht die Freilegung sein, wie bei dem Beispiel des roten Fachwerks mit der gemalten barocken Dekoration aus Tübingen schon angedeutet wurde (Abb. 21). Schräg gegenüber diesem Haus steht ein um die Mitte des 16. Jahrhunderts errichteter Bau, bei dem ein graues Fachwerk mit schwarzen Begleitstrichen als älteste belegbare Fassung gefunden wurde. Schon im frühen 17. Jahrhundert wurde das Haus, wahrscheinlich auf Anregung des herzoglichen Baumeisters Heinrich Schickhardt, komplett verputzt, mit einer hellen, ockerfarbenen Kalktünche gestrichen und mit dünnen, braunen Linien eine Quadrierung aufgemalt (Abb. 23). Tür und Fenster erhielten eine Betonung durch rahmende Bänder. Das ursprüngliche Sichtfachwerkgebäude wurde durch diese Umbaumaßnahmen optisch als massiver und damit kostbarerer Steinbau interpretiert.

Als einige Jahre später das Landesdenkmalamt mit den Wünschen des Nachbarn nach Fachwerkfreilegung seines Gebäudes konfrontiert wurde, eines Hauses, das

21 Tübingen, Collegiumsgasse 2
Fachwerkhaus des 16. Jahrhunderts. Um 1700 aufgestockt

22 Tübingen, Metzgergasse 2
Fachwerkhaus des späten 18. Jahrhunderts mit rekonstruierter Weißfassung

23 Tübingen, Collegiumsgasse 3
Fachwerkhaus des 16. Jahrhunderts mit Fassadenfassung des frühen 17. Jahrhunderts

24 Tübingen, Collegiumsgasse 1
Im späten 18. Jahrhundert umgebautes Fachwerkhaus mit gemalter Quadrierung und illusionistisch gemalten Fensterläden

seine letzte bauliche Gestalt mit dem Mansarddach einer Umbaumaßnahme des späten 18. Jahrhunderts verdankt, förderte die Untersuchung ebenfalls eine gemalte Quadrierung, nun allerdings auf hellgrünem Grund, zutage (Abb. 24). Eine Fachwerkfassung war bei diesem Barockbau überhaupt nicht mehr feststellbar. Das Haus war offenbar von Anfang an verputzt worden. Zwei, wohl aus Symmetriegründen, illusionistisch gemalte, durch Klappläden verschlossene Fenster vervollständigen den Befund. Daß solche Quadrierungen und auch andere gemalte architektonische Gliederungen an ursprünglichen Sichtfachwerkgebäuden von der Renaissance bis ins 19. Jahrhundert hinein in Tübingen wohl zu Dutzenden bestanden haben, das Fachwerk also bewußt dem Zeitgeschmack entsprechend negiert wurde, mag ein Blick auf den Tübinger Marktplatz im Jahre 1825 belegen, wo auf der Nordseite eine Reihe solcher Fassungen zu erkennen sind (Abb. 25).

Für fragwürdig halte ich jedoch die Restaurierung eines Hauses in Wangen im Allgäu, bei dem der gotische Fenstererker eine bunte Quaderbemalung und das später aufgesetzte Geschoß ein Sichtfachwerk mit Begleitstrichen zeigt (Abb. 26). Ähnlich wie bei dem Haus mit rotem Fachwerk aus Tübingen (Abb. 21) hat man hier offensichtlich zwei Befundsituationen vermischt, weil eine solche Quaderbemalung nur für einen Putzbau denkbar ist.

Abgeschlossen werden soll das Thema Fassungen an verputzten Fachwerken mit einem gerade aktuellen Fall, bei dem die denkmalpflegerische Entscheidung für die verputzte und nicht für die Fachwerkfassung fiel:

25 Tübingen, Marktplatz
Aquarell von Baumann 1825. Auf der Nordseite (rechts) sind eine Reihe verputzter Fachwerkhäuser mit verschiedenen gemalten Fassungen zu erkennen.

26 Wangen im Allgäu, Kr. Ravensburg, Herrenstraße 35
Gotisches, später aufgestockes Fachwerkhaus. Bunte Quaderbemalung im Bereich des alemannischen Erkers und Begleitstrichbemalung im zweiten Obergeschoß

27 Ehingen-Gamerschwang, Alb-Donau-Kreis
Ehem. Pfarrhaus von Osten

Das Kaplanei- und spätere Pfarrhaus in Gamerschwang war im 17. Jahrhundert als rotes Sichtfachwerk mit schwarzen Begleitstrichen errichtet worden (Abb. 27). Die gleichzeitige Fachwerkinnenfassung war in dieser Zeit übrigens grau. Im 18. Jahrhundert verschwand das Fachwerk unter einem zart rosafarbenen Besenwurfputz mit glattgeputzten hellen Gliederungen an den Gebäudeecken und an der Traufe. Die Fenster rahmten geohrte Faschen (Abb. 28).

Vollflächige Gefachdekoration:

Zum Abschluß soll noch kurz auf eine Sonderform der Gefachbehandlung aufmerksam gemacht werden, die vollflächige Ausmalung. Bei den bisher gezeigten Beispielen war es überwiegend so, daß die konstruktiven Fachwerkstrukturen durch Begleitstriche unterschiedlicher Form und Farbe betont wurden, während die Fläche meist ein gebrochenes Weiß zeigte. Lediglich die schmalen Felder zwischen den Balkenköpfen hatten hin und wieder eine ornamentale bzw. eine Ziegelbemalung. Diese Tatsache kann natürlich auch mit der Befundsituation zusammenhängen, denn gerade die Gefache zwischen den vorstoßenden Balkenköpfen sind vor Bewitterung relativ gut geschützt, so daß sich hier Befunde gut erhalten können. In relativ seltenen Fällen gelang es aber auch, vollflächige Gefachbemalungen außen und innen zu finden, etwa die schon in anderem Zusammenhang gezeigte Beschlagwerksmalerei (Abb. 15) oder die spätgotische Rankenmalerei (Abb. 14) bei den Beispielen aus Tübingen.

28 Ehingen-Gamerschwang, Alb-Donau-Kreis
Ehem. Pfarrhaus. Barockfassung mit geohrten Fensterfaschen

29 Tübingen, Rathausgasse 1
Im Hintergrund als Erstfassung spätgotische Rankenmalerei, im Vordergrund rechts die Zweitfassung mit grauen Bandelierungen

30 Blaubeuren, Alb-Donau-Kreis, Badhaus im Kloster
Ausmalung im Obergeschoß von 1510

31 Tübingen-Hirschau
Fachwerkhaus von 1625 mit ornamentaler Bemalung der Giebelgefache

Die spätgotische Rankenmalerei setzt das sichtbargelassene Fachwerk voraus und entwickelt sich mit ihren Ranken aus den Gefachecken. Das Holzwerk ist sozusagen der Rahmen für die gemalten Bilder (Abb. 14, 29). Anders verhält es sich bei der etwa gleichzeitigen, 1510 datierten Ausmalung im Badhaus des Klosters Blaubeuren, wo die Rankenmalerei das ungefaßte Holz überspielt, so, als wäre es gar nicht vorhanden. Lediglich in dem unten gemalten Flechtzaun wird als obere Begrenzung der Brustriegel des Fachwerks aufgenommen (Abb. 30).

Eine ähnliche, zeitlich aber wesentlich spätere Rankenmalerei fand man vor einigen Jahren am Giebel eines 1625 errichteten Hauses in der Nähe Tübingens (Abb. 31). Da die Malereien im wesentlichen nur noch in den geschützten Randgefachen einigermaßen erhalten waren, beschränkte sich die Restaurierung auch nur auf diesen Bereich. Lediglich die Begleitstrichbemalung wurde auf die anderen Gefache ausgedehnt, um ein etwas homogeneres Gesamtbild zu erhalten.

Wiederholt konnte in den letzten Jahren auf den Gefachen eine Backsteinbemalung aufgedeckt werden. Bei dem 1532 errichteten Spital in Ehingen entfachte diese aus der Bauzeit stammende Bemalung bei ihrer Rekonstruktion einen Sturm der Entrüstung.[14] Eine dünne schwarze Linie rahmt hier das Balkenwerk (Abb. 32). An einem Haus in Ulm aus der zweiten Hälfte des 16. Jahrhunderts war die Rahmung im hellen Fugenton gehalten (Abb. 33). Bei den Beispielen aus Ehingen und Ulm berücksichtigte die Ziegelbemalung selbstverständlich nicht die tatsächliche Ziegelausmauerung der Gefache.

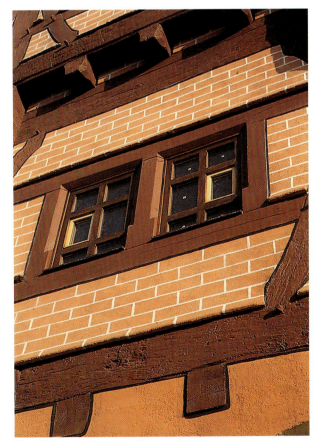

32 Ehingen, Alb-Donau-Kreis
Heilig-Geist-Spital von 1532 mit ziegelimitierender Bemalung

33 Ulm, Dreikönigsgasse 8
Haus des 16. Jahrhunderts mit ziegelimitierender Bemalung und gemalter Eckquaderung

Sie egalisierte und idealisierte sie vielmehr. In Ulm war übrigens die Ziegelbemalung der älteste feststellbare Farbbefund. Darüber lagen zwei weitere Schichten, bei denen die hellen Gefache mit blauen und schwarzen, später mit grauen und schwarzen Beistrichen verziert wurden, ehe man das Fachwerk überputzte. Insgesamt konnten in diesem Fall 14 verschiedene Schichten nachgewiesen werden, so daß man annehmen muß, daß das Haus im Durchschnitt von jeder Generation einmal einer farbigen Erneuerung im Außenbereich unterzogen wurde.

Anmerkungen

1 Lübke: Über Bemalung alter Holzbauten, in: Verhandlungen des VII. Tages für Denkmalpflege zu Braunschweig, Berlin 1906, S. 152 ff.
2 Wenig später fand man dann auch im bayerischen Weißenburg und Roth entsprechende Ockerfassungen aus dem 16. Jahrhundert.
Christian Baur: Fachwerkbauten in Mittelfranken — Beispiele in Weißenburg und Roth, in: Jahrbuch der bayerische Denkmalpflege, Bd. 32 1980, S. 115 ff.
3 Johannes Cramer: Gelbes Fachwerk, in: Denkmalpflege in Baden-Württemberg, H. 3 1985, S. 160 ff.
4 Eckart Hannmann: Das Schloß Tübingen, Sanierung des Süd- und Westflügels, in: Denkmalpflege in Baden-Württemberg, H. 3 1986, S. 93 ff. — Wenn man die Ansichten südwestdeutscher Städte aus dem 16. und 17. Jahrhundert einmal systematisch auswerten würde, wäre man erstaunt über die Vielzahl der dargestellten Zugläden. Mitunter sind mehr Zug- als Klappläden zu erkennen.
5 G. Ulrich Großmann: Der Fachwerkbau — Das historische Fachwerkhaus, seine Entstehung, Nutzung und Restaurierung, Köln 1986, Abb. 45. Blaubeuren, Klosterstr. 12.
6 Großmann 1986, Abb. 44. Blaubeuren, Klosterstr. 3.
7 A. L. Reyscher: Vollständige, historisch und kritisch bearbeitete Sammlung der württembergische Gesetze, Tübingen 1842, S. 237.
8 Horst Wengerter: Ochsenblut — eine Farbe? Neue Beobachtungen zur Farbigkeit alter Fachwerkbauten, in: Denkmalpflege in Baden-Württemberg, H. 1 1978, S. 11 ff.
Ulrich Schießl: „Ochsenblut" — ein Farbbindemittel und ein Farbname, in: Denkmalpflege in Baden-Württemberg, H. 3 1981, S. 122 ff.
9 Klaus Scholkmann: Das alemannische Fachwerkhaus in Saulgau, Schützenstraße 7, in: Denkmalpflege in Baden-Württemberg, H. I 1982, S. I ff.
10 Klaus Scholkmann: Das „Schlößle" in Pfullingen — ein „Musterhaus" des 15. Jahrhunderts, in: Denkmalpflege in Baden-Württemberg, H. 1 1981, S. 9 ff.
11 Norbert Bongartz: Weißes Sichtfachwerk, eine Sonderform des Fachwerkbaus in Südwestdeutschland, in: Denkmalpflege in Baden-Württemberg, H. 1 1980, S. 13 ff.
12 Besonders zahlreiche Beispiele finden sich etwa in Kusterdingen/Kreis Tübingen.
13 Rainer Hussendörfer: Putzfassade contra Sichtfachwerk — Zur Frage der Freilegung überputzter Fachwerke aus heutiger Sicht, in: Denkmalpflege in Baden-Württemberg, H. 2 1982, S. 45 ff.
Johannes Cramer: Massiver Schein. Zur Behandlung verputzter Fachwerkbauten, in: Deutsche Kunst und Denkmalpflege, 43. Jg., 1985, S. 44 ff.
14 Klaus Scholkmann: Das „Neuhaus" des Heilig-Geist-Spitals in Ehingen, Alb-Donau-Kreis, in: Denkmalpflege in Baden-Württemberg, H. 1 1983, S. 16 ff.
Ders., Die Ziegelbemalung am „Neuhaus" des Ehinger Spitals, in: Denkmalpflege in Baden-Württemberg, H. 3 1983, S. 166—167.

Abbildungsnachweis
Abb. 1—10, 12, 14—19, 21—29, 31—33 Landesdenkmalamt Baden-Württemberg
Abb. 11, 13, 20 Ingenhoff
Abb. 30 Feist

Fachwerkbauten und ihre Farbigkeit

Bericht aus Niedersachsen

Martin Thumm

Befunde — Stand der Forschung

Seit mehr als einem Jahrzehnt werden in Niedersachsen durch die Restaurierungswerkstatt des Instituts für Denkmalpflege Befunde zur Farbigkeit von Fachwerkbauten systematisch erhoben und gesammelt. Trotz der Vielzahl der Beobachtungen können dennoch nur in Ansätzen übergreifende Aussagen zu einer Systematik hinsichtlich der Farbgebung und ihrer Bedeutung sowie einer regionalen Ausbreitung oder einer zeitlichen Folge von bestimmten Farbfassungen gemacht werden. Die Vielfalt der Befunde ist jedoch so interessant, daß das Institut für Denkmalpflege zu diesem Thema voraussichtlich 1989 einen Forschungsband veröffentlichen wird. Es sei an dieser Stelle daher nur der grobe Rahmen der Erkenntnisse umrissen.

Im 14.–17. Jahrhundert kennzeichnet eine kräftige rötliche und graue Farbigkeit das Fachwerk. Sie begegnet uns im Inneren und an den Fassaden der Gebäude in monochromen Fassungen, die Konstruktions- und Zierformen überzieht und weder einzelne Teile noch Ornamentformen hervorhebt. Gesondert müssen die Beschlagwerks-Dekorationen des 16./17. Jahrhunderts betrachtet werden, bei denen Absetzungen und Betonungen verschiedener sich überlagernder Dekorationssysteme festzustellen sind.

Die Farbigkeit auch mit reichem Schnitzwerk versehener Fachwerk-Straßenbilder des hohen und späten Mittelalters haben wir uns allem Anschein nach viel „einfarbiger" und „beruhigter" vorzustellen, als es das Erbe der polychromen Vorstellungen erwarten lassen könnte, die uns die bunten Fachwerk-Restaurierungen des 19. Jahrhunderts beschert haben (Abb. 1). Ungewöhnliche Befunde, wie etwa die Innenraum-Dekoration des „Christinenhauses" in Zeven, Landkreis Rotenburg (Wümme), aus der Mitte des 17. Jahrhunderts mit einer kräftig gelben (!) Farbigkeit des Fachwerks, zeigen einerseits die unerwartete Breite historischer farblicher und damit auch ästhetischer Vorstellungen, andererseits aber auch angesichts einer sehr ähnlichen historischen Fassung eines Bauernhauses von 1591 im fränkischen Mainbernheim, Landkreis Kitzingen, daß regionale Grenzen vielleicht weniger anzunehmen sind, als dies die sehr unter-

1 Modell des Meinhardshofes in Braunschweig in der 2. Hälfte des 16. Jh. Die monochromen Fassungen vermitteln hypothetisch die Farbigkeit eines Fachwerk-Straßenzuges im späten Mittelalter

schiedlichen Konstruktions- und Zierformen zulassen (Abb. 2/3/4).

Der farbig gefaßte Abbund stellt sich in dieser Zeit als Kontrast zu den gewöhnlich mit Kalk geweißten Gefachen dar. In der Regel greift die Farbe jedoch 2 bis 5 cm über den Balkenrand hinaus auf das Gefach und wird dort mit einem 1 bis 2 cm starken Randstrich begrenzt. Diesem werden in vielen Beispielen ein oder zwei „Begleiter" hinzugefügt (Abb. 5/6).

Die durch die sich kreuzenden Begleiterlinien eingefaßten länglichen und in den Ecken quadratischen Felder werden gerne mit geometrischen Mustern gefüllt. Gelegentlich finden sich auch kompliziertere, pflanzlich ornamentierte Motive, die von der Ecke diagonal ins freie weiße Gefach entwickelt sind (Abb. 7, 8, 9, 10). Eine außergewöhnliche Farbgebung zeigt ein Haus in Einbeck, bei dem eine monochrome Fassung in schwarz (!) festgestellt wurde, welche die gesamte Fassade, den gesamten Abbund und sämtliche Gefachflächen gleichmäßig überzog. Man stelle sich vor: Ein monolithisch schwarzer Kubus in einem Fachwerk-Straßenbild!

Aufgemalte Scheinarchitekturen wie am „Säulenhaus" in Hann. Münden sind sehr selten. Auch Marmorierungen finden sich nur gelegentlich, vornehmlich in Innenräumen.

Im 18. Jahrhundert werden Übergangsformen entwickelt, z. B. wird der farbig gefaßte Balken von einem breiten, geglätteten Streifen begleitet, der sich gegen das sonst rauhere oder bewußt gröbere Gefach absetzt.

Die Fachwerkbauten des Barock und Klassizismus orientieren sich am Steinbau. Sie bilden Symmetrien und

2 Zeven (Landkreis Rotenburg, Wümme), „Christinenhaus" Mitte 17. Jh., Befund durch Verschmutzung und Oxydation stark abgedunkelt

3 Zeven (Landkreis Rotenburg, Wümme), „Christinenhaus" Zeichnerische Rekonstruktion eines Innenraumes, Gelb-Fassung mit schwarzem Randstrich und Begleiter

4 Mainbernheim (Landkreis Kitzingen), Berggasse 6
Diele. Gelbe Farbfassung von 1591 mit schwarzem Randstrich und Begleiter

Achsen aus. Architekturteile, wie Portale, Türen und Fenster werden durch Rahmungen und Faschen zur Gliederung der Fassade herangezogen, die Gebäudekanten durch Eckverquaderungen betont (Abb. 12). Das verbleibende Fachwerk wird meist einfarbig behandelt, Holz und Gefach flächig überdeckend. Parallel dazu gibt es aber auch in fast allen Fachwerkstädten Niedersachsens Fachwerkfassaden, die den Kontrast des dunklen gliedernden Abbundes vor den helleren Gefachen beibehalten. Eine flächige Gesamtwirkung wird jedoch dadurch erreicht, daß die Gefache den hell abgetönten Farbton des Holzwerkes erhalten (Abb. 13). Dabei werden auch in dieser Zeit die Erdfarben bevorzugt, wobei das gesamte Spektrum roter, grauer, grüner, ockergelber und gelegentlich sogar blauer Tönungen erfaßt wird.

Vergleicht man die „Begleiter-Systeme" und Farbfassungen der verschiedenen Regionen und Kulturlandschaften, so trifft man auf unerwartet viel Gemeinsames. Es scheint, daß die Kenntnis und der gegenseitige Austausch auf diesem Gebiet anders zu bewerten ist, als etwa im Bereich der Konstruktion und Zierform. Eine Bewertung und Würdigung auf wissenschaftlicher Basis ist derzeit nur in Ansätzen möglich.

Probleme der Wiederherstellung originaler Farbfassungen

Die praktische Umsetzung historischer Farbbefunde nach denkmalpflegerischen Grundsätzen stößt auf viele

5 Hornburg (Landkreis Wolfenbüttel), Damm 7a, „Hopfenspeicher"
Monochrome Rot-Fassung mit schwarzem Randstrich nach Befund. Die leichten farbigen Absetzungen sind frei hinzugefügt!

6 Monochrome Grau-Fassung, auf das Gefach übergreifend mit Randstrich und Begleiter. (Braunschweig, Alte Knochenhauerstraße 13, „Ritter St. Georg" 1492)

Schwierigkeiten. Einige davon seien hier thesenartig angesprochen:

1. In der Regel weist ein historisches Gebäude mehrere übereinanderliegende Farbfassungen auf. So muß zum einen die kulturgeschichtliche Bedeutung der einzelnen Fassungen beurteilt werden, zum anderen ist dafür zu sorgen, daß die historische Aussage einer Gestaltungs- oder Entwurfsidee in einer stets veränderten Umgebung angemessenen Ausdruck findet. Schließlich bedingt die Hervorhebung und Herausarbeitung einer tieferliegenden Schicht die Aufgabe der darüberliegenden. Durch mehr Aufwand in der Dokumentation kann der Denkmalpfleger dabei sein schlechtes Gewissen beruhigen. Ein stetes Unbehagen bleibt.

2. Denkmalpflegerische Zielvorstellungen, die eine Wiederherstellung originaler Farbigkeit ganzer Straßenzüge (Abb. 1) beinhalten, sind nur in weitgehend erhaltenen denkmaldichten historischen Stadtbildern denkbar. Sie können nur sukzessiv verwirklicht werden. Es bedarf umfangreicher Mühen, in der Öffentlichkeit Verständnis dafür zu finden.

3. Zeitgenössische oder modische Tendenzen ästhetischer Vorstellungen oder des gerade gängigen Geschmacks sind ein permanenter Konflikt in der Diskussion um den Wert des Originals. Gerade in bezug auf die Farbigkeit des Fachwerks ist der Denkmalpfleger mit dem „Material-Ethos", der „Ehrlichkeit des Bauens" und der „Wahrhaftigkeit des Baustoffs" mit schon fast moralischem Unterton konfrontiert. Bei einem Fachwerkbau des späten 19. oder 20. Jahrhunderts ist dies in der Regel unproblematisch. Schwierig und politisch gelegentlich nicht durchsetzbar ist die Wiederherstellung von Farbfassungen, deren bedeutungs- und entstehungsgeschichtliche Zusammenhänge aus dem Bewußtsein geschwunden sind. Läßt sich der Denkmalpfleger erst einmal auf die politische Diskussion ein, kommt es auf diesem Gebiet oft zu rein populistischen und zufälligen Mehrheitsentscheidungen.

4. Beispielhaft seien hier zwei Fälle angeführt: Das ehemalige Amtsgericht von 1775 in Springe, Landkreis Hannover, und das mittelalterliche Rathaus von Duderstadt, Landkreis Göttingen.

Das Amtsgerichtshaus in Springe war seit Generationen als konstruktiv erkennbarer Fachwerkbau im Bewußtsein der Bevölkerung verankert. Bei der Sanierung konnte die ursprüngliche Fassung gefunden werden: Eine flächig helle Fassung, an den Gebäudekanten eine aufgemalte graue Eckverquaderung mit illusionistisch perspektivischen Schattenkanten. Es war ein vielmehr politisch als in der Sache schwieriger Prozeß, den originalen Zustand wieder herzustellen (Abb. 11, 12).

Das Rathaus von Duderstadt ist ein Beispiel eines geschichtlich gewachsenen Gebäudekomplexes. Dem Kernbau des „Kophuses" von 1302/3 mit dem Winkelanbau des Ratskellers von 1432/36 wurde 1531/33 eine Laube vorgebaut und mit einer umlaufenden aufgesetzten Fachwerkfassade mit erkerartigen Turmaufbauten versehen (Abb. 14). Nicht verwunderlich waren daher Befunde zu unterschiedlichen Gestaltungen. Alle Fassungen gingen von dem farbig geschlemmten massiven Kernbau aus, dem später als Unterbau ein dunkelrotes Fachwerk mit weißen Gefachen aufgesetzt wurde. Denk-

7—10 Ornamentierte Begleitersysteme, dunkelgrau/schwarz auf weißem Grund. (7: Hornburg, Vorwerk 5. 8/9: Hitzacker, Zollstraße 2 „Altes Zollhaus". 10: Wedemark-Elze, „Alter Gutshof")

malpflegerisch favorisiert und schließlich ausgeführt wurde eine rosa-ocker Fassung des Mauerwerkteiles, für das Fachwerk wurde das im Eichsfeld typische dunkle leuchtende Rot gewählt. Der entscheidende Durchbruch gegen den massiven politischen Widerstand gelang dann auch nicht aufgrund der Einsicht in die Gestaltungsgedanken und die Bedeutung der Farbfassung als bildhaft repräsentative Veredelung des Rohbaues und des Rathauses schlechthin, sondern aufgrund von Begründungszusammenhängen, die sich zum einen aus der Schutzfunktion der Farbe gegen die aggressive Atmosphäre, zum anderen aus der Notwendigkeit ergaben, den „Flickenteppich" der ausgebesserten Fassaden wieder einheitlich zu gestalten.

5. Ein weiteres denkmalpflegerisches Problemfeld sind die „Gestaltungssatzungen" (ÖBV), deren Auflagen, ... die Holzteile des Fachwerkes seien in rötlich-braunen Tönen gegen helle weiß-, gelb-, rosa- oder graugetönte Gefache hervorzuheben, allzuoft in Kollision geraten mit Maßgaben des Denkmalschutzes. Abgesehen von der sich damit einschleichenden Rechtsunsicherheit für den betroffenen Bürger, trifft der Denkmalpfleger auch gelegentlich auf Bauämter, in denen der Grundsatz „Landesrecht bricht Ortsrecht!" nicht bekannt ist. In solchen Zusammenhängen können Fassadengestaltungen zustande kommen, wie die eines noblen Bürgerhauses, dessen reichverziertes Barockportal einst Mitte und Zentrum einer flächig rosa-ocker-farbigen Fassade war, nun im „Streichholzgewirr" des herausgeputzten Fachwerks versinkt (Abb. 15).

In den denkmaldichten Fachwerkstädten Südost-Niedersachsens geben wir im allgemeinen den Rat, entweder gänzlich auf Satzungen zu verzichten und sich auf das Denkmalschutzgesetz zu konzentrieren oder mit aller Deutlichkeit im Zusammenhang mit dem örtlichen Geltungsbereich zu vermerken: „Der sachliche Geltungsbereich bezieht sich nur auf Gebäude, die nicht Kulturdenkmale nach Niedersächsischem Denkmalschutzgesetz sind!"

11/12 Springe (Landkreis Hannover), „Amtsgericht" 1775
Vor (oben) und nach (unten) der Renovierung mit wiederhergestellter Eckverquaderung

13 Hornburg (Landkreis Wolfenbüttel), Vorwerk 11 „Halbinsel", Anfang 18. Jh. (Erweiterung 19. Jh.) Barocke Farbfassung nach Befund, Betonung der Konstruktion des Fachwerks, Aufhellung der Gefache durch Beimengung von Kalk

6. Eine Voraussetzung für historische Farbigkeit ist die Verfügbarkeit historischer Materialien, Verarbeitungs- und Maltechniken in der freien Wirtschaft. Wenn hier auch deutlich Fortschritte zu verzeichnen sind, ist der Bedarf noch bei weitem nicht gedeckt. Und die auf allen Ebenen wie Pilze aus dem Boden schießenden Fortbildungsstätten für „Restauratoren im Handwerk" erzeugen durch einen Mangel an gegenseitiger, auch denkmalfachlicher Abstimmung und klaren Leitlinien eher eine verwirrende Vielfalt als zielgerichtete Fachkenntnis. Hinzu kommt, daß die Farb-Chemie eine rasante Entwicklung durchgemacht hat und diese Fortschritte natürlich auf dem Feld historischer Farbfassungen genutzt werden können. Doch gilt es hier, sorgfältig die Spreu vom Weizen zu trennen.

7. Schließlich, es kommt gelegentlich zu bewußt modernen Farbgestaltungen an historischen Gebäuden. Dann sollten jedoch falsche Assoziationen zu den historischen Zusammenhängen vermieden werden durch Klarheit in der dokumentarischen Aussage, was alt und was neu ist!

8. Zuletzt: Es besteht nach wie vor ein Mangel nach Verankerung grundlegender Kenntnisse zur historischen Farbigkeit bei Handwerkern, Architekten und der kommunalen Bauverwaltung. Solange an den Ausbildungsstätten, den Fachhochschulen und Universitäten dieser Bedarf nicht gedeckt wird, bleibt es der Unermüdlichkeit des Denkmalpflegers überlassen, wieviel vom kulturellen Erbe historischer Farbfassungen den Enkeln gezeigt werden kann.

14 Duderstadt (Landkreis Göttingen), Rathaus. Zustand 16. Jh. Zeichnerische Darstellung der auf einem Befund basierenden und ausgeführten Farbfassung

15 Duderstadt (Landkreis Göttingen), Judenstraße 29, barockes Bürgerhaus, Mitte 18. Jh. Das prächtige Portal „versinkt" in der konstruktionsbedingten Fachwerkfassade. Originale Fassung: Flächendeckend rosa-ocker

Abbildungsnachweis
Alle Abbildungen: Institut für Denkmalpflege, Hannover

Farbfassungen in und an Fachwerkgebäuden des 15. bis 19. Jahrhunderts

Befunde und Wiederherstellungen in den Jahren 1979 bis 86 in Rheinland-Pfalz

Wolf-Manfred Müller

Zum Verständnis mancher Eigentümer zu Befunderhebungen und deren Umsetzung schlaglichtartig drei Beispiele vorweg:

1. Münstermaifeld, Obertorstraße 25, Sichtfachwerk von 1740.

Beabsichtigt war die Erneuerung des Anstrichs, das Gerüst stand, und der Maler wartete. Vorhanden war eine Rotfarbigkeit. Diese Rotfarbigkeit ist bislang für Münstermaifeld durch zwei Beispiele belegt, nämlich das Haus Stein in der Stiftsstraße 26, einen Fachwerkbau von 1609 mit rotem Fachwerk und durch das Anwesen Untertorstraße 27, ein barockes Fachwerk in hellem Rot. Die direkt an das Gebäude in der Obertorstraße angrenzenden Fachwerkbauten zeigen ebenfalls rot behandelte Hölzer.

Der Eigentümer war nicht gewillt, den angetroffenen Befund — rot gefärbtes Fachwerk — zu wiederholen. Er wurde auf die historischen Befunde und die Nachbarbauten hingewiesen und aufgefordert, die bestehenden Fakten zu akzeptieren. Hierzu war er aber nicht bereit. Rotes Fachwerk käme für ihn nicht in Frage.

Wenig später mußten wir feststellen, daß das Fachwerk entgegen dem historischen Befund und unseren dringenden Empfehlungen bereits neu angestrichen war: braun!

2. Brey am Rhein, Rheingoldstraße 44, Sichtfachwerk des 18. Jh.

Auch an diesem Gebäude stand ein Renovierungsanstrich an. Der Eigentümer wurde beraten; die Farbgebung gemeinsam festgelegt. Die Befunde zeigten rotes Fachwerk, die Nachbarbauten waren ebenso behandelt. Der Neuanstrich sollte diesen Gegebenheiten Rechnung tragen: Rot für die Hölzer und gebrochenes Weiß für die Gefache. Dieses wurde dem Eigentümer auch schriftlich mitgeteilt, da eine Beihilfe beantragt und bewilligt war. Zur Auszahlung der Beihilfe erfolgte eine örtliche Überprüfung in Gegenwart des Eigentümers. Erstaunt mußten wir feststellen, das ein völlig anderer Anstrich ausgeführt worden war: Braun für die Hölzer und ein helles Grün für die Gefache. Auf die Frage, warum so verfahren wurde, erhielten wir zur Antwort, daß dieser Anstrich so gewählt worden sei, weil auf einem Aufkleber des Nationalkomitees für Denkmalschutz zum Europäischen

1 Montabaur, Baugruppe Fuhrmannskapelle
Gesamtansicht nach der Instandsetzung 1982

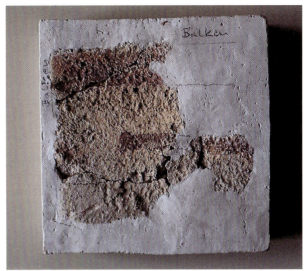

2 Montabaur, Baugruppe Fuhrmannskapelle
Gefachecke vom Außenbau mit schwarz-weißer Aufmalung (Originalstück zur Befunddokumentation)

3 Montabaur, Baugruppe Fuhrmannskapelle
Rot-weiße Fachwerkaufmalung vom Außenbau (Originalstück zur Befunddokumentation)

Denkmalschutzjahr 1975 — er zeigte drei Fachwerkgebäude in unterschiedlicher Farbgebung — eines genau so abgebildet sei.
3. Piesport, alte Schule von 1806. Es handelt sich um einen Putzbau mit innerem Fachwerkgefüge, Eigentümerin ist die Ortsgemeinde. Im Rahmen der Sanierungsarbeiten sollte ein Neuanstrich erfolgen.

Zur Bestimmung der Farbigkeit wurden Befunde erhoben. Als Ergebnis wurden folgende Farbfestlegungen getroffen: Ocker für die geputzten Wandflächen und Grau für die Rotsandsteingewände. Der Gemeinderat hatte sich aber bereits auf folgende Farbgebung festgelegt: Weiß für die Putzflächen und Naturbelassenheit für die Fenstergewände. Unbekannt für den Gemeinderat

4 Nastätten, Sohlernscher Hof
Rot-weiße Fachwerkaufmalung am Außenbau. Originalbefund in situ im Bereich des ursprünglichen Giebels im angebauten Dachgeschoß

5 Obermoschel, Wilhelmstr. 18
Originalprobe der Innenfarbigkeit des 16. Jhs.

6 Bad Breisig, Altes Zollhaus
Farbigkeit des 17. Jhs.

7 Bad Breisig, altes Zollhaus
Befunddetail der Zierteile an den Streben

8 Boppard, Markt 7 Grau-Weiß-Fachwerk des 17. Jhs. am Außenbau

9 Filsen, Mittelstr. 1
Wiederherstellung der Farbigkeit des frühen 17. Jhs.

war, daß für einen Neuanstrich in der Regel der Farbbefund maßgeblich ist und daß die Sandsteinwerkteile farbig gefaßt waren. Die historische Fassung war noch eindeutig auf den rückwärtigen Fenstergewänden zu erkennen. Auch der nächste historische Nachbarbau zeigte eine ähnliche Farbgebung: Grau für die Gewände und ein Weiß-Gelb für den Verputz. Nach Erläuterung, warum der Befund ein wesentliches Kriterium beim Neuanstrich bedeutet und nach Benennung von Vergleichsbeispielen der näheren Umgebung aus der Erbauungszeit, war man schließlich bereit, den Anstrich wie ermittelt vornehmen zu lassen. Hierbei spielte auch die ausgesetzte Beihilfe eine wesentliche Rolle.

Aus den geschilderten Beispielen ergibt sich, daß vor notwendigen Überfassungen historischer Gebäude Befunde zu ermitteln und Restaurierungskonzepte zu erarbeiten sind. Darüber hinaus sind aber auch die städtebaulichen Zusammenhänge und inzwischen eingetretene Fassadenveränderungen von Bedeutung, wenn es gilt, Farbkonzepte für die Fassung denkmalwerter Fachwerkbauten zu entwickeln. Restauratorische Untersuchungen an Fachwerkbauten im Lande Rheinland-Pfalz werden seit 1979 (Einrichtung der Amtsrestaurierungswerkstatt) im Rahmen von Instandsetzungsmaßnahmen vorgenommen, soweit diese dem Denkmalamt rechtzeitig bekannt werden. In den Jahren 1979—83 erfolgten diese Untersuchungen in der Regel durch den Amtsrestaurator selbst. Die Auswahl der untersuchten Objekte ergab sich mehr oder weniger aus der jeweiligen Situation. Auslöser für Untersuchungen waren in der Regel Baumaßnahmen, Renovierungen, Konservierungen und Restaurierungen. Dabei erfolgten keine flächendecken-

10 Filsen, Mittelstr.1
Grau-weiße Fachwerkaufmalung des frühen 17. Jhs.

11 Meisenheim, Lettermannsches Haus
Originalprobe eines Gefaches mit drei übereinander liegenden Fassungen

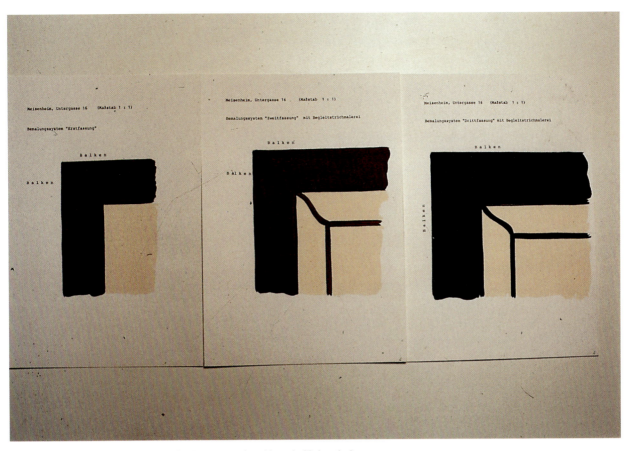

12   Die drei Gefachfassungen am Lettermannschen Haus in Meisenheim —
Rekonstruktion nach Befund von R. Elenz

13   Montabaur, Großer Markt 8
Wiederherstellung der Erstfassung des 1699 erbauten Fachwerkhauses

14 Befund am profilierten Gesims des Hauses Großer Markt 8 in Montabaur

den Bestandsermittlungen, wie das bei dendrochronologischen oder thermographischen Untersuchungen schon der Fall war. Manche Gebiete sind immer noch stark unterrepräsentiert wie z. B. die Mittelmosel, die über hervorragende Fachwerkbauten des 16.–18. Jhs. verfügt. Hier herrscht noch ein großer Nachholbedarf.

So wurden in dem Zeitraum von 1982–83 etwa 60 Fachwerkbauten allein vom Amtsrestaurator untersucht.[1] Die Untersuchungen erstreckten sich vor allem auf die Kreise Ahrweiler, Bad Kreuznach, Daun, Donnersbergkreis, Germersheim, Landau-Bad Bergzabern, Mayen-Koblenz, Rhein-Hunsrück, Rhein-Lahn und Westerwaldkreis.

Bei schwieriger Befundlage wird der Amtsrestaurator in der Regel selbst vor Ort tätig, um die angetroffenen Befunde zu überprüfen. Hierbei werden in der Regel Originalproben entnommen, die in der Amtswerkstatt weiter untersucht und für die Dokumentation archiviert werden.[2] Seit 1984/85 werden verstärkt qualifizierte Restauratoren mit der Untersuchung von Fachwerkfassungen beauftragt.

Aus der Fülle der untersuchten Objekte werden in der folgenden Übersicht hauptsächlich Beispiele für Fachwerk-Außen- und Innenfassungen aus dem 15.–19. Jh. vorgestellt. Auf Kratzputze, die in zwei Fällen in der Grafschaft, Kreis Ahrweiler, festgestellt worden sind, soll hier nicht näher eingegangen werden. Ebenso verzichte ich auf die Darstellung der zahlreichen Beispiele für Farbfassungen auf verputzten Fachwerkinnenwänden mit Schablonenmalereien, die auch in schlichteren Gebäuden gefunden worden sind und auf Beispiele für überputzte Decken, sogenannte Kölner Decken, die bis weit ins 19. Jh. zum üblichen Gestaltungsrepertoire bäuerlicher Fachwerkhäuser gehörten. Tapeten des 18. und 19. Jhs. sind mir nur aus anspruchsvollen Fachwerkbauten bekannt. Ein Beispiel hierfür bietet Haus Böcking (das heutige Mittelmoselmuseum) in Traben-Trarbach, in dessen Obergeschoß sich ein Raum mit vollständiger Tapezierung erhalten hat.

Aus den bisherigen Untersuchungen in Rheinland-Pfalz lassen sich folgende Erkenntnisse ableiten: Im 15./16. Jh. herrschten rote und schwarze Holzfassungen vor. Die Hölzer waren meist mit Randstreifen bis zu fünf Zentimetern verbreiternd in die Gefache hinein aufgemalt. Die Gefache selbst waren häufig mit aufwendigen Verzierungen ausgestattet. Der Gefachanstrich war regelmäßig, soweit bislang bekannt, kalkweiß gehalten. Durch gesicherte Baudaten oder dendrochronologische Untersuchungen verfügen wir hier über eine gute Befundlage. Als Besonderheit ist anzumerken, daß zeitlich gleich, rotes und schwarzes Fachwerk nebeneinander vorkommen (Montabaur, Baugruppe Fuhrmannskapelle).

Im 17. Jh. werden wieder verstärkt rote Fachwerkfarbfassungen angetroffen, daneben ist aber auch sehr stark graue Holzfarbigkeit vertreten. Die Gefache sind mit oder ohne Verzierungen ausgeführt.

Die Innenfachwerkfarbigkeit zeigt Grau bzw. Rot (16.–18. Jh.) bei den Holzfassungen, wobei im Innern, nach bisherigen Untersuchungen in der Regel ein Wechsel gegenüber der Außenfachwerkfarbigkeit erfolgte. In einem Beispiel wurden insgesamt 28 Farbfassungen übereinander bei einem Innenfachwerk festgestellt (Mainz, Augustinerstraße 52).

15 Wiederherstellung der rot-weißen Fachwerkaufmalung des 17. Jhs. am Hause Großer Markt 4 in Montabaur nach dem Befund

Als Besonderheit aus dem Ende des 17. Jhs. wurden ein marmoriertes Fachwerk in Montabaur und ein braun gefaßtes Fachwerkgebäude mit farbig abgesetzten Schnitzereien in Breisig/Rhein festgestellt.

Die untersuchten Fachwerkgebäude des 18. Jhs. werden wieder von rot gefaßten Fachwerkhölzern gekennzeichnet, daneben werden aber auch graue oder schwarze Fachwerkfarbfassungen angetroffen. Auch hier ist zu bemerken, daß bei Baugruppen, deren Gebäude zeitgleich errichtet wurden, verschiedene Farbigkeiten der Hölzer nebeneinander gefunden wurden — so etwa Ocker neben Grau und Rot (bei der Baugruppe Frank-Löb'sches Haus in Landau). Entsprechendes gilt auch für die Baugruppe Fuhrmannskapelle in Montabaur aus dem 16. Jh. Als Besonderheit fand sich in Bad Bergzabern ein rosaroter Anstrich auf Nadelholzfachwerk.

Im 19. Jh. sind überwiegend schwarze Fachwerkhölzer, rotbraunes und braunes Fachwerk anzutreffen. Hier sind aber bisher wenig Erkenntnisse gesammelt worden. Allgemein gilt, daß die Farbfassung ebenso wie das Fachwerk selbst im 19. Jh. wesentlich schlichter gestaltet wurde. Bei den untersuchten Fachwerkbauten zeigte sich, daß die ersten Fassungen der Hölzer und der Gefachbemalungen oft beim Zweitanstrich geändert wurden — so von Rot zu Ocker, von Schwarz zu Rot, von Rot zu Grau, von Schwarz zu Altrosa. Daneben gibt es aber auch Wiederholungen der Erstfassungen Grau, Rot und Schwarz.

Aus den dargestellten Untersuchungen ergibt sich, daß die bislang in einigen Fachbüchern propagierten Einheitsfarbrezepte für ganze Landschaften der historischen Realität nicht entsprechen. Es sollte daher nicht länger darauf beharrt werden, daß etwa das Fachwerk am Rhein und an der Mosel rot gefaßt war und das Fachwerk in der Eifel schwarz behandelt worden ist.

So zeigte das Haus Schmitz in Adenau (Eifel), Am Markt 8, erbaut 1630, als Erstfassung ein kräftiges Rot,

Übersicht zu ausgewählten Untersuchungsergebnissen zur Farbigkeit von Fachwerk in Rheinland-Pfalz[3])

Anwesen	Erb.jahr	1. Fassung	2. Fassung u. weitere bzw. chem. Analysen	Bemerkungen
Montabaur Alois-Jäger-Platz 3+5 Baugruppe Fuhrmannkapelle Kreis Montabaur (Abb. 1—3)	1501 (d.)	Außen: Holz: Rot bzw. Schwarz Gefach: Weiß mit rot. bzw. schwarz. Ritzern u. Eckverb. (Wellenlinie)		1. Fassung wiederhergestellt, rotes bzw. schwarzes Fachw.
Nastätten Borngasse 14 Sohlernscher Hof Rhein-Lahn-Kreis (Abb. 4)	1494 (d.)	Außen: Holz: Rot mit grauen Begl. Gefach: Weiß mit weißem Streifen zw. zwei schwarz. Ritzern u. Eckverb. (Welle)	Schwarz: Ruß (Kohlenstoff) (c.) Grau: Calciumcarbonat mit Schwarzpigmenten (c.)	Gebäude 1692 barockisiert: beide Giebel um je ein Joch erweitert, womit der Originalbefund erhalten blieb
Obermoschel Wilhelmstr. 18 Kreis Bad Kreuznach (Abb. 5)	1590 (b.)	Außen: Holz: Schwarz Gefach: Weiß mit schwarz. Beistrich Innen: Holz: Grau mit schwarz./rot. Beistrichen	Außen: Holz: Englischrot mit schwarz. Ritzer Gefach: Weiß mit schwarz. Begleitern 3. u. 4. Fassung: Rot	Im 17. Jh. erweitert und außen umgebaut. 2. Fassung heute wiederhergestellt. Originalbefunde innen an Wand und Decken erhalten — z. T. Scheinfachw.
Rhens Rheinufer Wackelburg Kreis Mayen-Koblenz	1573 (b.)	Innen: Holz: Rot Gefach: Weiß mit schwarz. Beistrich	Innen: Holz: Rot Gefach: Weiß mit Ocker und roten Begleitern	Fachwerk außen rot gefaßt. Befund innen erhalten und konserviert
Bad Breisig OT. Niederbreisig Rheinufer Altes Zollhaus Kreis Ahrweiler (Abb. 6 u. 7)	17. Jh.	Außen: Holz: Braun Gefach: Weiß Zierteile: Schwarz/Grün		1. Fassung wiederhergestellt, Solitärbau
Boppard Markt 4 Rhein-Hunsrück-Kreis	17. Jh.	Außen: Holz: Rot Gefach: Weiß mit grau./schwarz. Beistrichen		Im 18. Jh. zum Verputzbau umgebaut. 1. Fassung wiederhergestellt
Boppard Markt 7 Rhein-Hunsrück-Kreis (Abb. 8)	17. Jh.	Außen: Holz: Grau Gefach: Weiß mit schwarz./grau. Ritzern u. Eckverbind. (Wellenlinie)	Außen: Holz: Grau Gefach: wie 1. Fassung	Befunde zerstört
Filsen Mittelstr. 1 Rhein-Lahn-Kreis (Abb. 9 u. 10)	1611 (b.)	Innen: Holz: Grau Gefach: Weiß mit schwarz. Ritzern, weiß. Begleitstreifen u. Eckverbind. (Wellenlinie)		Befund von innen nach außen übertragen. Die Außenfarbigkeit war zerstört infolge späterer Veränderung
Mainz Augustinerstr. 52 Stadt Mainz	um 1650	Holz: Gelb mit schwarz. Ritzer (Wand u. Decke) Gefach: Weiß	7 Räume mit Wand- u. Deckenfassungen 4 Umbauphasen. Raum Nr. 4 mit 28 Fassungen nachgewiesen	Die Bau- und restaurator. Untersuchungen dauern an. Dendrochronologische Untersuchung erfolgt noch. Insges. 14 Fachwerkfassungen ermittelt. Wechsel von Gelb zu Grau, zuletzt Rot
Meisenheim Untergasse 16 Lettermannsches Haus Kreis Bad Kreuznach (Abb. 11 u. 12)	17. Jh.	Außen: Holz: Rot Gefach: Ockergelb, hell	Außen: Holz: Rot mit schwarz. Ritzer Gefach: Weiß mit schwarz. Ritzer 3. Fassung: Caput mortum mit schwarz. Ritzern Gefach: Weiß mit schwarz. Ritzern u. Eckverbind.	Insgesamt nur drei Fassungen festgestellt, dann verputzt (Umbau im 18. Jh.)
Montabaur Großer Markt 8 Kreis Montabaur (Abb. 13 u. 14)	1699 (b.)	Außen: Holz: Marmorierung Sepia auf Ocker/Rot		Befund untersucht und wiederhergestellt von Rest E. Meffert, Cramberg
Montabaur Großer Markt 4 Kreis Montabaur (Abb. 15)	17. Jh.	Außen: Holz: Rot mit schwarz. Ritzer Gefach: Weiß mit schwarz. Ritzern und grauen Begleiter, Eckverbind. (Wellenlinie).		1. Fassung durch Rest. Meffert, Cramberg, 1986 wiederhergestellt
Otterberg Hauptstr. 61 Alte Apotheke Kreis Kaiserslautern (Abb. 16 u. 17)	1608 (b.)	Außen: Holz: Rot Gefach: Weiß mit grau. Beistrich Innen: Holz: Rot bzw. Schwarz Gefach: Weiß bzw. Grau mit rot. bzw. schwarz. Beistrichen im Wechsel	EG Raum 1: Schwarz Raum 2: Rot OG: Stuckdecken	Restaurator N. Schulz, Herxheim. Innenbefund in beiden Räumen großflächig erhalten und konserviert, z. T. erneuert nach Befund. Außenfachwerk und Farbigkeit rekonstruiert, da als Verputzbau verändert

Anwesen	Erb.jahr	1. Fassung	2. Fassung u. weitere bzw. chem. Analysen	Bemerkungen
Pommern/Mosel Bahnhofstr. 27 Kreis Cochem-Zell (Abb. 18 u. 19)	1623 (b.)	Außen: Holz: Rot mit schwarz. Begleit. Gefach: Weiß mit schwarz. Begleit. und Eckverbind. Die oberste Gefachreihe des EG über den Fenstern zusätzlich durch gemalte Ornamente, mittig, betont		1. Fassung durch anschließendes Verputzen konserviert. Freigelegt 8/86 durch Restaurator F. Lawen, Bullay. Zur Zeit Konservierung/Restaurierung n. Befund
Vallendar Rathausplatz 12 Kreis Mayen-Koblenz	1698 (b.)	Außen: Holz: Rot-Braun Gefach: Weiß mit ockerfarb. Beistrich und Eckverbind. (Wellenlinie)	Rotes Pigm.: Rotbrauner Ocker mit Eisenoxidpartikeln (c.) Weißes Pigm.: Calciumcarbonat (c.) Gelbes Pigm.: Gelber Ocker mit blaßgelb. Eisenoxidpartikeln (c.)	1. Fassung wiederhergestellt
Westerburg Burgmannenhaus Westerwaldkreis (Abb. 20)	1607 (d.)	Außen: Holz: Rot Gefach: Weiß mit schwarz. Ritzer und Eckverbind. (Wellenlinie)		
Bad Bergzabern Königstr. 50 Kreis Südl. Weinstraße (Abb. 21)	18. Jh.	Außen: Holz: Rosa mit schwarz. Ritzer	Rosa: Eisenoxid reines Pigment (c.)	Fachwerk-OG aus Nadelholz (Kiefer). Holz war mit Kalkschlämme grundiert. Ausfachungen: Bruchsandstein bzw. Feldbrandstein. Gebäude heute abgebrochen, Neubau
Kelberg Bonner Str.	18. Jh.	Außen: Holz: Schwarz Gefach: Weiß mit schwarz. Ritzer und Eckdiagonalen		1. Fassung wiederhergestellt
Landau Kaufhausgasse 9 Frank-Loebsches-Haus Stadt Landau	18. Jh.	Außen: Holz: Ocker mit schwarz. Beistr., weiß. Streifen und roten Ritzer Innen: Holz: Grau mit schwarz. Begleit., weiß. Streifen, umbragrün. Begl. Eckverbind.: schwarzer Diagonalstr. Innen: Holz: Rot mit schwarz. Beistrich, zwei weiteren Beistrichen: erdig. Grün und Mennigerot, diagonal wechselnd	Rotes Pigment: Mennige (c.) Grünes Pigment: Kupferspan (c.) Gelbes Pigment: heller Ocker mit Eisenoxidpartikeln (c.)	Bruchsteinaußenausfachungen, die inzwischen alle beseitigt worden sind. Baugruppe bestehend aus 7 Gebäuden um einen Innenhof, soll saniert werden (städt. Eigentum)
Linz Erzbischöfliche Burg Fachwerkbau Kreis Neuwied (Abb. 22)	1707 (b.)	Außen: Holz: Rot Gefach: Weiß, keine Verzierung		1. Fassung wiederhergestellt
Macken Im Gäßchen 5 Kreis Mayen-Koblenz (Abb. 23 u. 24)	18. Jh.	Außen: Holz: Schwarz Gefach: Weiß, ohne Verzierung	Außen: Holz: Rosa Gefach: Weiß mit doppelt. rosa Ritzern	2. Fassung wiederhergestellt
Mainz Rochusstr. 32 Stadt Mainz	18. Jh.	Außen: Holz: Ocker Gefach: kein Originalbef.	Außen: Holz: Rot mit schwarz. Begl. u. blauen Begl. (Smalte c.) Gefach: Weiß	Neuanstrich ohne Befundberücksichtigung!
Grafschaft OT. Oeverich Landskronenstr. 1 Kreis Ahrweiler	19. Jh.	Außen: Holz: Rot Gefach: Weiß ohne Verzierung		Fachwerk nie überputzt
Merkelbach Zum Dornbach 2 Westerwaldkreis (Abb. 25)	19. Jh.	Außen: Holz: Schwarz mit blauem Ritzer Gefach: Weiß mit blauem Ritzer	Außen: Holz: Schwarz mit blauem Ritzer Gefach: Weiß mit blauem Ritzer, Eckverbind.	1. Fassung vereinfacht, ohne Ritzer, wiederhergestellt

Legende: Ritzer < 1 cm, Begleiter > 1 cm, Beistrich: Breite nicht eindeutig festgestellt. Abkürzungen: b. = Bauinschrift (Baudatum), c. = chemisch analysiert, d. = dendrochronologisch untersucht.

Alle Untersuchungen wurden, wenn nicht anders vermerkt, von Amtsrestaurator R. Elenz, Restaurierungswerkstatt des LfD Mainz, in den Jahren 1979 bis 1986 vorgenommen. Die chem. Analysen erstellte Frau Dr. E. Jägers, Bonn. Die Zusammenstellung erfolgte anhand der Befunderergebnisse in Zusammenarbeit mit dem Amtsrestaurator, Stand: Oktober 1986.

Den genannten Restauratoren danke ich für die erarbeiteten Befundberichte und das freundliche Überlassen der Dias. Mein besonderer Dank gilt Herrn Restaurator R. Elenz, LfD Mainz, für die freundliche Unterstützung und Beratung.

16 Otterberg, Hauptstr. 61, Alte Apotheke, Erdgeschoß, Innenfassung — Originalbefund rekonstruiert/renoviert

17 Otterberg, Hauptstr. 61, Alte Apotheke, Erdgeschoß, Nachbarraum, Originalbefund Decke (retuschiert), Wand (renoviert), Farbwechsel, Befund der Innenfassung

18 Pommern/Mosel, Bahnhofstr. 27 Befund der ersten Gefachaufmalung über den Sturzriegeln

19 Pommern/Mosel, Bahnhofstr. 27
Detail einer Gefachecke mit dem
Befund der Erstfassung

20 Westerburg, Burgmannenhaus
Befund einer rot-weißen Aufmalung
an dem 1607 erbauten
Fachwerkhaus

21 Bad Bergzabern, Königstr. 50
Freilegung des rosa übermalten
Fachwerks vor dem Abbruch

22 Linz, Erzbischöfliche Burg
Befund der rot-weißen Fachwerkaufmalung

23 Macken, Im Gäßchen 5
Fachwerkhaus des 18. Jhs. mit schwarz-weißer Aufmalung vor der Instandsetzung

24 Macken, Im Gäßchen 5
Befund einer rosa-weißen Überfassung des ursprünglich schwarz- weiß bemalten Fachwerks

25 Merkelbach, Zum Dornbach 2
Befund der schwarz-weißen Außenfassung mit blauen Begleitern

heute ein Rotbraun. Das barocke Fachwerkhaus von 1701 in Dieblich an der Mosel, Neustraße 3, war ursprünglich schwarz gefaßt, heute ist es in einem schwarz-braunen Farbton gehalten. Für das alte Rathaus in Rhens am Rhein, Erd- und Obergeschoß aus der Mitte des 16. Jhs. stammend, erst 1914 vom Verputz befreit, erbrachte eine vorläufige, noch nicht abgeschlossene Untersuchung, daß hier ein Braun als Erstanstrich verwendet worden war. Zur Zeit ist es in einem kräftigen Rot gehalten. Auch das barocke Sichtfachwerkgebäude des 18. Jhs. in Spay am Rhein, Salmgasse 4, zeigte eindeutig ein ursprüngliches Braun für die Hölzer.

Wie dargestellt, gibt es vielfältig differenzierte Farbfassungen. Ob diese Erstfassungen nun aber bei Neuanstrichen wiederhergestellt werden sollen, ist von den inzwischen eingetretenen Veränderungen nicht nur an der Fassade dieser Gebäude (insbes. der Fenster), sondern auch von der städtebaulichen Situation abhängig. So wurde bewußt bei dem Anwesen Salmgasse 4 in Spay wieder der rotbraune Anstrich, also eine spätere Fassung des 19. Jhs. angewendet, da das Gebäude sonst farblich isoliert zwischen weiteren Fachwerkbauten, die direkt angrenzen, gestanden hätte.

Die in der Vergangenheit bislang, zum Teil aus Unkenntnis oder aus geschmacklichen Vorstellungen, erfolgten willkürlichen Farbfassungen können zukünftig nur dann vermieden werden, wenn die Eigentümer rechtzeitig die Denkmalfachbehörde von beabsichtigten Neuanstrichen in Kenntnis setzen und die fachliche Autorität anerkennen.

Besonders nachteilig für die Befunduntersuchungen hat sich erwiesen, daß vielfach die Gefache vor Einschaltung eines Restaurators herausgenommen und damit ein für allemal für Untersuchungen verloren sind.

Vor Neufassungen eines Sichtfachwerkgebäudes ist daher zu fordern, daß ein geschulter Restaurator mit der Befunderhebung zu beauftragen ist. Die Untersuchung und das daraus zu entwickelnde Restaurierungskonzept hat in Abstimmung mit der Denkmalpflege zu erfolgen. Diesem Gesichtspunkt trägt das Landesamt für Denkmalpflege inzwischen Rechnung, indem für restauratorische Untersuchungen im Rahmen einer Maßnahme gezielt Beihilfen gewährt werden. Nur so können fachlich abgesicherte Restaurierungen durchgeführt und weitere Erkenntnisse zu farbig gefaßten Fachwerkbauten in den verschiedensten Regionen des Landes Rheinland-Pfalz gewonnen werden.

Anmerkungen
1 Vergl. hierzu den Beitrag von R. Dölling/R. Elenz, Die Tätigkeit der Restaurierungswerkstatt. In: Denkmalpflege in Rheinland-Pfalz 1982—83, S. 331.
2 Vergl. R. Elenz, Fachwerkfarbigkeit — Untersuchungen, Befunde, Analysen. In: Denkmalpflege in Rheinland-Pfalz 1984, S. 64—73.
3 Die Übersicht basiert auf dem Untersuchungsstand Okt. 1986

Abbildungsnachweis
Abb. 1—12, 15, 20—25 R. Elenz, Landesamt für Denkmalpflege, Rheinland-Pfalz
Abb. 13, 14 E. Meffert, Cramberg

Die Abkürzungen bedeuten:
b = Bauinschrift (Baudatum)
d = Datierung aufgrund dendrochronologischer Untersuchung
c = chemisch analysiert
Die chemischen Analysen erstellte Frau Dr. Elisabeth Jägers, Bonn.

Abb. 16, 17 W.-M. Müller, Landesamt für Denkmalpflege, Rheinland-Pfalz
Abb. 18, 19 F. Lawen, Bullay

Fassungsbefunde an Fachwerkbauten und Entwicklung von Arbeitskonzepten für die Restaurierung

Horst Wengerter

Der erste Befund einer teilweise gut erkennbaren Fachwerkfassung aus dem 16. und 17. Jhdt. wurde anläßlich der Sanierung des Besigheimer Rathauses im Jahre 1975 erkannt (Abb. 1 und 2). Weiß gekalkte Putzfelder, mit gebranntem Ocker und Kalk gemischte rosarote Farbe am Fachwerk, die ca. 2—3 cm in das Putzfeld reichte, wurden festgestellt. Die schwarzen Bandelierungen waren durch einen Begrenzungsstrich am roten Farbrand der Balkenfarbe, nach einigen weiteren Zentimetern Abstand ein zum Balken ausgewischtes Band und daran anschließend mit ca. 1,5 cm Abstand ein mindestens ca. 8 mm breiter Zierstrich nachweisbar.

Als erste Fassung ist diese Dekoration wohl nach dem Bau ab 1459 entstanden. Sie lag auf dem ältesten Putz, der aus einer Mischung von gelöschtem und eingesumpftem Weißkalk, Sand und etwas Ziegelmehl bestand, also eine Art hydraulischer Naturzement. Der Putz war innen und außen auf eine in Nuten sitzende, mit Stakhölzern und Geflecht befestigte Ausfachung aufgebracht und geglättet worden. Die Außenfläche des Putzes war niveaugleich mit den Balken ausgeführt. Das insgesamt ca. 8 cm starke Ausfachungspaket war zum Inneren ebenfalls geglättet und lag unter dem inneren Balkenniveau.

Eine dekorative, graue Balkenfassung mit weiß gekalktem Feld (1571) bedeckte die Innenwände und die Decken des Rathauses in gleicher Ausführung wie außen, hatte aber zusätzlich gemalte Rosetten und Füllungen auf den Balken (nicht mehr erhalten). Zu diesen Fachwerkfassungen gehörten im Inneren die noch heute erhaltenen Renaissance-Rollwerk-Malereien an den Fenstern (1571, Huldigungsembleme, Wappen der badischen Markgrafen, des Obervogtes und der Stadt).

Mit dieser Malerei im Inneren erfuhr das Rathaus einige Umbauten: Die kleinen Fenster des alemannischen Fachwerks wurden zum Teil verlegt und vergrößert. Nur schadhafte Putzfelder sind mit Bruchsteinen ausgemauert und zwangsläufig kissenartig verputzt worden. Die Fachwerkfassaden erhielten eine zweite Fassung, die der ersten genau nachempfunden war. Das Rathaus zeigte somit sein farbiges Erscheinungsbild seit seinem Bau um 1459 bis zum Überputzen der gesamten Fassade um 1760.

1 Rathaus Besigheim
Makroaufnahme einer roten Balkenfarbe (Eisenoxyd)

2 Rathaus Besigheim
rekonstruierte Fassadenfassung von 1459

3 Besigheim, Entengasse · Rote Balkenfarbe mit
ockerfarbenem Begrenzungsstreifen und schwarzem Strich

4 Leonberg-Höfingen, Rathausgäßle 1
Sommerstube eines Steinmetzen, datiert 1606 (1986 abgebrannt)

5 Esslingen, Am Markt
Balken auf Putz gemalt und „marmoriert"

Zahlreiche Untersuchungen an weiteren Fachwerkbauten in Nordwürttemberg[1] ließen bald erkennen, daß die oben beschriebene rot-weiße Fachwerkfassung die Standardfassung im 15., 16. und 17. Jh. darstellte (Abb. 3). Lediglich „handschriftliche", mischungsbedingte und technische „Variationen" konnten festgestellt werden. Die Felder weisen keine Mischfarben in Kalkanstrichen auf, Verfärbungen nach Gelb oder Grau waren immer Verunreinigungen, die durch äußeren Einfluß (Ruß oder Niederschlag), oder durch zugesetzte Emulgierungen entstanden.

Die Balkenfarben variieren vom dunklen Rosa über Erdrot bis Caputmortuumrot (Rußbeimischung).[2] Die Bandelierungen zeigten verschiedene Darstellungen wie z. B. die zwei Lichtkanten mennigerot und die zwei Schattenkanten des Putzfeldes dunkelgrün (Kupferfarbe in Mundelsheim-Hindenburgplatz) oder mennigerot und schwarz (Güglingen-Marktstraße) wie auch ockergelb und mennigerot (Hessigheim). Auch Bandelierungsvariationen wurden gefunden.

Ein wichtiger Faktor der historischen Fachwerkfassungen ist die meist exakt korrigierte Darstellung des Fachwerks, sowohl im Inneren wie auch an den Außenfassaden (Abb. 4). Fast immer (zumindest ist das Bemühen zu erkennen) sind Linierungshilfen (Latten, Lineale, Malstücke) zum Begrenzen der Farbe oder Ziehen der Striche verwendet, die verschiedenen Balkenbreiten ausgleichend mit der Balkenfarbe begradigt oder verstärkt und unregelmäßige Balkenkonstruktionen durch zusätzlich gemalte Balken oder sogar spiegelbildlich ergänzt.[3]

Vielerorts sind Fachwerke auch auf die Innenseite massiv gemauerter Außenwände oder auf zur Fassade ver-

6 Murr a. d. Murr, Mühlgasse
Graue Balkenfarbe mit rötlicher und schwarzer Bandelierung

7 Schloß Liebenstein bei Neckarwestheim, Hofseite
Restaurierte bzw. rekonstruierte Fassadendekoration nach Befund mit Rollwerk und ockerfarbenem Fachwerk

putzten Bohlenwänden in Ergänzung des Fachwerksystems gemalt worden (Abb. 5).[4]

Weitere Untersuchungen ergaben Farbvarianten zur Fassung von Fachwerken im 16., 17. und 18. Jhdt. Graue Balkenfarbe, variiert von dunkel- bis sehr hellgrau wurde gut erhalten nachgewiesen (Abb. 6).[5]

Die Bandelierungs- und Dekorationssysteme änderten sich nicht, abgesehen von Strichierungsvariationen wie Doppelstriche mit Gehrungsverbindungen oder Farbwechsel in den Bandelierungen.

Ockerfarbe auf den Fachwerken ist nicht ganz so oft wie die rote und graue Fachwerkfarbe nachzuweisen (Abb. 7). Ockerfarbenes Fachwerk findet sich vorwiegend auf Fassaden von Schlössern, Amtshäusern oder „besseren" Bürgerhäusern.[6] Nach Häufigkeit der Befunde ist das ockerfarbene Fachwerk großflächig im Bereich der Handelswege von Böhmen bis an den Oberrhein anzutreffen.[7] Auch mit dieser Ockerbalkenfarbe bleiben die Dekorationssysteme mit den Variationen in Anwendung und Auffassung gleich.

Eine in meiner Praxis bis jetzt nur dreimal nachgewiesene Balkenfarbe ist das schwarz gestrichene Balkenwerk. Der erste Befund in Schloß Liebenstein bei Nekkarwestheim zeigt im 1. OG. in einem Raum (heute wieder verputzt, da als Hotelbar genutzt) als erste Fassung rote Balken, als zweite Fassung deckungsgleich schwarz bemalte Balken mit gleichfarbiger Bandelierung. Die Streben sind teilweise als alemannisches Fachwerk ohne konstruktive Vorgabe auf Putz gemalt. Man kann davon ausgehen, daß diese Fassung vor 1550 entstanden ist. Ein weiterer Raum im 2. OG. (heute

8 Schloß Liebenstein bei Neckarwestheim, Hochzeitszimmer
1. Fassung schwarzer Balken, darüber im Putzfeld spätgotische Malerei. 2. Fassung grauer Balken mit darunter liegender Rankenmalerei im Anschluß an eine frühere Brüstungsvertäfelung (um 1600) (Hotel-„Hochzeitszimmer", Fassung nicht sichtbar belassen)

9 Besigheim, Schloßgasse 3
Schwarzes Fachwerk (Ruß mit Holz-Teer-Öl) in einer ehemaligen Sommerstube. Gleiche Fassung auch auf den erhaltenen Fassadenteilen, datiert 1590

10 Schloß Gaildorf, Befund, 2. Fassung, Ostfassade
Grau gefaßtes Fachwerk mit an den Fenstern angesetztem Rollwerk, ergänzte Befundskizze

„Hochzeits"-Hotelzimmer, daher wieder verputzt) zeigt eine ähnliche schwarze Balkenfassung mit malerischen Elementen als Erstfassung (Abb. 8). Ein dritter Raum (sichtbar, 1. OG., Gaststube) zeigt schwarzes Fachwerk (Reste) mit gemalten Akanthusranken im weißen Putzfeld, wohl aus gotischer Zeit.

Der zweite Befund wurde in Besigheim, Schloßgasse 3 gefunden. Im 2. OG. ist eine „Sommerstube" (ehemaliger Teil?) mit schwarzem Fachwerk und schwarzen Bandelierungen zu sehen, in den gekalkten Putzgefachen einfache Strichornamente und datiert 1590 (Abb. 9). Diese Fassung belegt auch die ehemaligen Fassadenteile.

Der dritte Befund wurde auf der Fassade in Besigheim, Kirchstraße 20, nachgewiesen und rekonstruiert. Hier zeigen die Gefache eine Ausnahme: eine helle stumpfockergetönte Gefachfarbe.

Eine Ausnahme unter den Farbvarianten der Fachwerkfassungen zeigt das Friedhofhäuschen (ehemals Kapelle?) in Vaihingen/Enz — Roßwag. Durch Mischung von gebranntem Ocker, Ruß und Ockergelb entstand ein mittelbräunlicher Farbton, der auch zur Eckquaderung und Dekorationsmalerei der Fassaden verwendet wurde.

Auffallen wird dem aufmerksamen Beobachter, daß alle Farbvarianten und Farbmischungen am Fachwerk bis zum Ende des 18. Jhdts. mit wenigen Ausnahmen die gleichen Farbpigmente und Weißkalk als Farbmittel aufweisen. Der Grund dafür ist darin zu suchen, daß sich die Handwerker, hier die Weißbinder, Tüncher, Stukkateure, Maurer usw., an die Weisungen ihrer Zunftregeln

11 Leonberg, Marktstraße
Deckenmalerei, datiert 1680

halten mußten. Ihnen war nur erlaubt, mit drei oder vier Farben zu dekorieren wie Ruß, Ocker, gebrannter Ocker, Mennige oder anderen Pigmente. Sie durften auch Ornamente, aber keine figürlichen Darstellungen malen.[8]

Damit streift das Thema Fachwerk und dessen historische farbige Fassung auch die künstlerische Gestaltung. Tüncher- und Malerzünfte stritten sich oft um die Privilegien der künstlerischen Tätigkeiten. Daß mancher künstlerisch begabte Tüncher eine flotte Malweise praktizierte, zeigen die vielen Wanddekorationen in grauen oder ockergelben wie auch roten Rollwerk- und Dekorationsmalereien der Renaissance und des Barock. Außer im schon genannten Besigheimer Rathaus gehören derlei Dekorationen zur Fachwerkfassung wie in Schloß Liebenstein (Abb. 7), Schloß Gaildorf (Abb. 10), Burg Neudenau, Hornmoldhaus Bietigheim, Sommerstube in Höfingen bei Leonberg (Abb. 4) u. a. Oft zeigen auch die Felder zwischen den Deckenbalken auf Putz oder sägerauhen Brettern reiche Blumen- oder Ornamentmalereien (Abb. 11),[9] oder sie sind mit Lebenssymbolen bemalt.[10]

Die reichsten Dekorationen treten den Befunden zufolge in der Renaissance bis zum frühen Barock auf (Abb. 12). Danach wird das Fachwerk als dekoratives Element wieder vernachlässigt. Meist wird zur Fachwerkfarbe nur noch ein schwarzer Begrenzungsstrich gezogen, wie das barocke Haus Schloßstraße — Ecke Bärenstraße in Ludwigsburg zeigt (im Inneren). Schließlich wurden 1758 laut „allerhöchster" Anordnung Sichtfachwerke in Württemberg verboten; die vorhandenen Fachwerkhäuser waren zu überputzen (Abb. 13).

12 Bietigheim-Bissingen, Haus am Unteren Tor
Fassadenmalerei zum grauen Fachwerk, um 1500. Diese handschriftlich gleiche Malereidekoration befindet sich auch in den umliegenden Kirchen wie z. B. in der Stadtkirche Markgröningen, Peterskirchle Vaihingen/E, Stadtkirche Besigheim, Kloster Maulbronn u. a., alle datiert vor und nach 1500

13 Besigheim, Monumental-Ölgemälde von 1889 im Besitz der Stadt zeigt realistisch gemalt, überputzte und mit Kalk gestrichene Fachwerke, deren Anstriche und Putze vom Balkenwerk abgefallen sind (Enzpartie mit Rathaus)

14 Besigheim, Aiperturmstraße
Ehemalige Putzintarsien im Fachwerk, 2. Hälfte 16. Jh.

Es fällt auf, daß Fachwerkfassungen des 15. bis 17. Jhdts. sowohl in Bauern- bzw. Bürgerhäusern als auch in den Schlössern des (nur niederen?) Adels anzutreffen waren. Immerhin gehörten die Herren von Liebenstein der Reichsritterschaft an. Der Standesunterschied ist durch eine besonders qualitative Fachwerkgestaltung nicht zu erkennen, auch wenn einzelne Räume zusätzliche Wandausstattungen aufweisen.

Vergleicht man diese Befunde im Bereich Nordwürttemberg mit Befunden in anderen Regionen, so dürften die Dekorationssysteme am Fachwerk grenzüberschreitend in schwäbisch-alemannischen, in fränkischen wie in südhessischen Gebieten gleichermaßen gehandhabt worden sein. Örtliche Besonderheiten, wie z. B. der Gebrauch von Smalte für graues Fachwerk in St. Gallen, bestätigen die Regeln.

Eine weitere Erkenntnis ist, daß Fachwerkfassungen der beschriebenen Art dem Fachwerk eine dekorative, dem Ornament zugeordnete Wirkung geben (Abb. 14) und nicht nur eine bautechnische Aufgabe erfüllen sollten. Fachwerk als Ornament, als Raum- und Fassadenschmuck, grafisch gestrafft und betont, mit zusätzlichen Elementen dekoriert, gehörte, mindestens vom 15. bis ins 18. Jhdt., zum selbstverständlichen Schmuck und Element der Architektur. Keinesfalls hatten die Fachwerkfassungen die Aufgabe eines Witterungs- oder Gebrauchsschutzes für das Holz oder Baumaterial.

Damit ist ein Thema angeschnitten, das uns heute sehr beschäftigt, haben wir doch die Aufgabe wahrzunehmen, die Zeugen unserer Kultur zu bewahren, zu erhalten und möglichst unverfälscht zu konservieren. Wie die

Befunde (zumindest im Bereich meiner Praxis) zeigen, konnten die historischen Farb-Emulsionen und -Dispersionen keinen Schutz für das Fachwerkholz bieten. Die erhaltenen Rezepte bestätigen diese Feststellung, auch wenn die „Mär" vom wundertätigen „Ochsenblut" immer noch hier und dort zum besten gegeben wird. Das sogenannte „Ochsenblut" war nichts weiter als das farblose Blutplasma eines Rindes, welches zur besseren Haltbarkeit der Farbe mit Kalk emulgiert wurde und als Zusatz zu anderen oder selbst als Bindemittel diente.[11] Alle diese Bindemittel, bestehend aus tierischen Leimen und Kalk, waren mehr oder weniger wasserdurchlässig, wie angefaultes Holz, schon bald herausgenommene Flechtwerke und Bohlenwände, die oft frühzeitigen Schäden nachweisen.

Die Konservierung unserer Fachwerkbauten wird dadurch erschwert, daß in den Regelfällen gealtertes und schon krankes Material erhalten wird und seine Funktion nach hunderten von Jahren noch auf lange Zeit erfüllen soll. Außer der einmütigen Anwendung von einigen Holzkonservierungsmitteln sind sich Bauphysiker und sonstige Experten leider nicht einig in der materiellen Behandlung der Fachwerkfassaden. Aufgrund einiger Mißerfolge zur Sanierung von Fachwerkbauten wird als Ursache „Dispersionsfarbe" genannt, die angeblich dampfundurchlässig gewesen wäre. An dieser Stelle möchte ich darauf hinweisen, daß der Oberbegriff „Dispersion", der nur aussagt, daß es sich um ein „Gemenge", ein kolloidales System handelt, nicht als Pauschalverurteilung von Anstrichen dienen kann. Im Einzelfall muß jeder Schaden genauer ermittelt und das verwendete Material geprüft werden.

Fachwerkhausbesitzer fordern für sich modernen Wohnkomfort mit energiesparenden Ausbaumaterialien. Wer will es ihnen verdenken? Für die Sanierung der Fassaden ist deshalb unbedingt zu beachten:

— Es dürfen nur dampfdurchlässige Materialien verwendet werden.

— Da die Kontrolle oder das Beseitigen des in der Wand je nach Jahreszeit hin und her wandernden Taupunktes nicht gelingt, muß er dadurch weitgehendst unwirksam gemacht werden, indem das Eindringen von Wasser verhindert wird.

Bei Rekonstruktionen von Fachwerkfassungen an Fassaden, die in der Regel durch Malerfirmen nach Einweisung ausgeführt werden, haben sich Rein-Acrylate als Anstrichmaterial bewährt. Allerdings muß das Material sinnvoll verarbeitet werden. In der Regel wird nach Prüfung des Objektes, ob es für diese Anstrichtechnik geeignet ist, folgendermaßen auf Neu- und Altputzen, neuen und alten Hölzern, verfahren:

1. Nur sandende Altputze und labile Altholzteile mit einem nicht filmbildenden, lösungsmittelhaltigen Tiefgrund behandeln. Es darf kein filmbildender Überschuß entstehen! Alte Ölfarben und Lacke vorher entfernen.

2. Erster Anstrich mit reiner Acrylat-Dispersion, matt, über die gesamte Fachwerkfassade, verdünnt über Putz und Balken im Farbton der Gefache (der meist gebrochen weiß ist).

3. Schließen der Löcher und Risse im Holz, größere mit Zwei Komponenten-Flüssigholz, kleinere mit dauerelastischem Acrylkitt.

4. Zweiter Anstrich mit der Reinacrylat-Dispersion matt

15 Bietigheim-Bissingen, Hornmoldhaus
Versprödeter und geplatzter Ölfarbanstrich auf labilen Holzuntergründen, Eckbalken Eiche. Die Ölfarbe bleicht aus, die Pur-Kristallatfarbe auf dem Putz ist lichtecht und behält den ursprünglich gewollten Farbton der Balkenfarbe am Gefachrand

auf die Gefache, aber nur noch über die Balkengrenzen überlappend. Dieser letzte „Fertiganstrich" kann je nach Saugfähigkeit des Grundes immer noch verdünnt werden.

5. Nun erfolgt der einmalige Auftrag der Balkenfarbe mit einem wasserverdünnbaren Reinacrylat-Seidenglanzlack, unverdünnt (eventuell zweimalig, der letzte Anstrich unverdünnt!), exakt nach Vorbild. Nach 1—2 Jahren ist der Seidenglanz verschwunden (wen das stört, der kann den Seidenglanzlack mit der matten Acryldispersion mischen).

6. Als letzte Arbeit erfolgt das Linieren der Bandelierungen, ebenfalls mit entsprechend wasserverdünnten Acrylatlacken, seidenmatt. Eine solchermaßen gekonnt ausgeführte Fachwerkfassade unterscheidet sich für den Betrachter kaum von einer in traditionellen Techniken hergestellten. Nur der Fachmann sieht bei näherer Inaugenscheinnahme, daß Acryl verwendet wurde. Regen- und Kondenswasser von außen wird abgewiesen, die Atmungsfähigkeit des Anstrichfilms ist ausreichend.

Selbstverständlich sind erhaltene Befunde in eine Neufassung einbeziehbar, müssen aber vom Restaurator individuell in einer entsprechenden Konservierungs- und Restaurierungstechnik behandelt werden. Er ist auch dafür verantwortlich, daß „Alt" und „Neu" harmonisieren[12] und das historische Erscheinungsbild des Befundes wiedergeben. Nach meinen Beobachtungen hat sich die Kombination Ölfarbe auf Balken — Purkristallatfarbe auf den Putzfeldern nicht bewährt. Öl- und Lackfarben sind nicht dampfdurchlässig. Sie versproden und sind nicht elastisch. Nach schon kurzer Zeit bleicht und verändert sich der Farbton. Im Putzfeld dagegen wird der übergreifende Balkenfarbton, wenn in Purkristallat ausgeführt, durch Lichtechtheit und Materialzusammensetzung seinen Farbton behalten (Abb. 15). Die verschiedenen Bereiche entwickeln sich in der Farberscheinung auseinander.[13] Außerdem kann Regen und Kondenswasser in die Putzflächen eindringen; doch die Öl- und Lackfarbe läßt keine Feuchtigkeit aus dem Holz ins Freie, sondern nur seitwärts ins Gefach. Die Öl- und Lackfarbe versprödet, reißt und verliert dadurch ihre Schutzfunktion. Ebenso haben „offenporige" Lasuren nur eine kurzzeitige Schutzfunktion.

Diese Hinweise sind als Erfahrungswerte nur für die Fachwerkbereiche anzusehen und sollen keinesfalls Patentrezepte sein. Jedes Objekt muß erst individuell geprüft werden, bevor man sich für die eine oder andere Lösung entscheidet. Die wichtigste Maßnahme am historischen Fachwerkbau sollte aber immer die bestmögliche Erhaltung von soviel wie möglich „Original"-Substanz sein.

Anmerkungen

1 Die Angaben beziehen sich insbesondere auf Untersuchungen an folgenden Bauten: Schloß Liebenstein, Schloß Gaildorf, Burg Neudenau, Schloß Höpfigheim, Rathaus Markgröningen; Amtshäuser in Hessigheim, Güglingen, Steinenberg, Besigheim; Bürgerhäuser in Besigheim, Güglingen, Schwäbisch Gmünd, Esslingen, Öhringen, Leonberg, Mundelsheim, Bietigheim u. a.
2 Esslingen, Kupfergasse 1; Schloß Gaildorf, Ostfassade, 1. Fassung.
3 Amtshaus Güglingen, Schafhof Kornwestheim; Esslingen, Kupfergasse 1 und Marktplatz.
4 Esslingen, Kupfergasse 1; Schloß Liebenstein u. a. (Mancherorts werden die Bohlenwände in den Fassaden nach Sanierungen sichtbar belassen, obwohl sie immer auf der Fassadenseite verputzt waren. Bis jetzt konnte noch kein Befund diese Maßnahme rechtfertigen).
5 Freiberg-Beihingen, Schloßscheune, datiert 1599; Besigheim, Kirchstraße; Vaihingen/E. Marktgasse.
6 Besigheim, Kirchstraße; Schloß Liebenstein, Schloß Höpfigheim, Rathaus Gemmrigheim u. a.
7 Johannes Cramer, Farbigkeit im Fachwerkbau, in Spektrum der Wissenschaft Juni 86.

Abbildungsnachweis
Alle Aufnahmen: Horst Wengerter

8 Friedrich Kobler/Manfred Koller, Farbigkeit der Architektur, in: Reallexikon zur deutschen Kunstgeschichte, München Lieferung 1974/75, S. 274 ff.
9 Leonberg, Marktstraße; Besigheim, verschiedene Gebäude; Esslingen, Marktplatz u. a.
10 Höfingen, Sommerstube eines Steinmetzen, Rathausgäßle 1 (abgebrannt 1986).
11 L. Hüttmann, Neuer Schauplatz der Künste und Handwerke, Weimar 1842.
12 Schloß Höpfigheim: Keim-Purkristallat für die Fassadenmalerei, Kalkanstriche auf der Schildmauer, Acrylanstriche im Fachwerkbereich.
13 Bietigheim, Hornmoldhaus; Markgröningen, Spital u. a.

Weitere Literatur: Rayscher, Sammlung der württembergischen Regierungsgesetze, Band 13, Tübingen, 1841, S. 237 ff.
Horst Wengerter, Ochsenblut — eine Farbe, in: Denkmalpflege in Baden-Württemberg, Januar-März 1978, S. 11.
Horst Wengerter, Rückgewinnung historischer Farbigkeit in der Altstadt von Besigheim, in: Denkmalpflege in Baden-Württemberg, Januar-März 1982 S. 28 ff.

Naturwissenschaftliche Untersuchung zur Fachwerkfarbigkeit

Elisabeth Jägers

Die naturwissenschaftliche Untersuchung von Farbfassungen liefert durch die Bestimmung von Werkstoffen und deren technischem Aufbau wichtige Beiträge zur Befunderstellung: Je nach Fragestellung oder Fragesteller können dabei verschiedene Aspekte im Vordergrund stehen, z. B. erwartet der Denkmalpfleger oder der Restaurator Hinweise auf die Zusammensetzung der Fassung, auf mögliche Veränderungen oder Schäden und ihren Ursachen als Grundlage für die Erstellung eines Konservierungskonzepts, der Technologe dagegen erwartet Informationen über die verwendeten Materialien und die Art ihrer Verarbeitung für den Vergleich mit den in den Quellenschriften und Malerhandbüchern überlieferten Rezepten.

Voraussetzung für die naturwissenschaftliche Analyse und eine eindeutige Interpretation der Ergebnisse ist die umfassende Untersuchung und Dokumentation des Objekts durch den Restaurator oder den Bauforscher, nur auf dieser Grundlage ist eine sinnvolle Probeentnahme und eine exakte Fragestellung möglich.[1] Eine zufällig entnommene Probe oder ein Stück Putz mit Farbresten aus dem Bauschutt hat — wie die Erfahrung gezeigt hat — nur in den seltensten Fällen einen echten Aussagewert. Diese sehr allgemeinen Feststellungen gelten nun nicht nur für die hier zu betrachtende Fachwerkfarbigkeit, sondern ebenso für die Untersuchung von Architekturfassungen allgemein, von Polychromie auf Skulpturen oder von Malschichtgefügen von Wand- und Staffeleigemälden. Und doch besitzt die Untersuchung der Fachwerkfassung eine besondere, ihr eigene Problematik:

Eine der Besonderheiten liegt in der Vielschichtigkeit des Malschichtenaufbaus, in der großen Zahl der übereinanderliegenden, meist schwach gebundenen Anstriche ohne ausreichende Haftung zum Träger oder der nächsten Schicht.

Ein schichtenweises Freilegen und sauberes Isolieren einzelner Schichten mit dem Skalpell unter der Stereolupe ist sehr zeitaufwendig — und damit recht kostspielig — und oft auch unmöglich. Hier würde man sich wünschen, daß am Objekt an größeren Anstrichflächen stratigraphische Untersuchungen vorgenommen würden und nicht an der fragilen, durch Abnahme und Transport sicher beschädigten Probe (Abb. 1).

1 Putzfragment mit Anstrichen
Fachwerkhaus, Gerressen, Ennenbachstr. 6, Stube

2 Querschnitt durch eine Fassungsprobe, Sarmersbach, Roden, Rundweg 2, Stubendecke, Erdgeschoß. 6fache Vergrößerung

Neben diesen eher technisch bedingten Schwierigkeiten ist als weitere Besonderheit bei der Untersuchung von Fachwerkfarbigkeit die Vielfalt der verwendeten Materialien, vor allem der Bindemittel oder Bindemittelzusätze zu nennen. Während die Maltechnik von Wand- oder Staffeleimalerei über die Jahrhunderte hinweg recht gut erforscht ist, gibt es für die Oberflächenbehandlung von Fachwerkgebäuden nur wenige systematische Untersuchungen. Die Auswertung von Rezepten aus Malerhandbüchern und schriftlich oder mündlich überlieferten Quellen durch den Volkskundler ist deshalb eine weitere wichtige Voraussetzung für die Analyse der Materialzusammensetzung.

Aufbau von Fachwerkfassungen

Lehmputze, häufig überdeckt von einer Kalk- oder Gipsschlämme, Kalk- oder Gipsputze mit und ohne „Kälberhaar"-Zusatz dienen als Untergrund für die Anstriche. Eigenständige Anstriche (Fassungen) zeichnen sich immer durch eine dunkelgefärbte oder auch nur grau transparent erscheinende Oberfläche aus, im Querschnitt durch ein Farbschichtenpaket ist dies durch dünne, dunkle Linien klar erkennbar. In mehrlagig aufgebauten („fachmännisch ausgeführten") Anstrichen oder bei überlappenden Anstrichen zeigen sich diese Patina- oder Sinterschichten nicht (Abb. 2). Die Anzahl der aufeinanderfolgenden Farbfassungen läßt sich dadurch recht gut ermitteln. Es wurden bei den untersuchten Proben bis zu 40 Anstriche gezählt, der Durchmesser der Schichtenpakete betrug kaum mehr als 4 mm.

Für die Einfärbung der Anstriche, die nahezu ausschließlich in Kalkmalereitechnik ausgeführt wurden, verwendete man preiswerte, leicht zugängliche, meist natürlich vorkommende Pigmente. In der *Tabelle 1* sind die im Laufe der Untersuchungen nachgewiesenen Pigmente aufgeführt. Die für die historische Fachwerkfarbigkeit wichtigsten Pigmente sind die gelben, roten und braunen Eisenoxidpigmente.

Fachwerkfarbigkeit — Pigmente für die Kalkmalerei

Weiß	Kalk	Zinkweiß
	Kreide	Lithopone
	Gips	Titanweiß
	Bleiweiß*	
Schwarz	Pflanzenschwarz (Rebschwarz, Holzkohle) Rußschwarz	
Gelb	Gelber Ocker	synthetische Eisenoxidpigmente
Rot	Roter Ocker Eisenoxid-Rot (Hämatit) Mennige*	synthetische Eisenoxidpigmente
Braun	Umbra braune Erdfarben	synthetische Eisenoxidpigmente
Blau	Smalte	Ultramarin künstlich
Grün	Grüne Erde Grünspan*	Chromoxid-Grün

* nur bedingt kalkbeständig

3 Querschnitt durch eine Fassungsprobe, Kottenheim, Stube, Sockelzone. 18fache Vergrößerung

Eisenoxid-Pigment ist eine Sammelbezeichnung für eine umfangreiche und sehr heterogene Gruppe von gelben, roten, braunen und grünen Pigmenten, ihre färbenden Komponenten sind Eisenoxidverbindungen. Der Farbton ergibt sich aus der Zusammensetzung und der Struktur der Eisenverbindung: So enthält roter Ocker überwiegend das rote Eisen-III-Oxid, gelber Ocker Eisenoxidhydrat und grüne Erde schließlich Eisen-II-Verbindungen. Diese chemischen Zusammenhänge lassen sich mit Hilfe des Versuchs zur Färbung von Kalkmilch mit Eisenvitriol veranschaulichen.[2] Eisenvitriol ist ein Eisen-II-Sulfat, es löst sich in Wasser zu einer hellgrünen Lösung. Gibt man diese grüne Lösung in die Kalkaufschlämmung, entsteht durch die im alkalischen Medium rasch ablaufende Oxidation des grünen Eisen-II-Sulfats zu einer gelbbraunen Eisen-III-Verbindung eine dauerhafte und gleichmäßige Anfärbung des Kalks bzw. des Kalkanstrichs, bekannt unter dem Namen Maria-Theresia-Gelb.

Natürlich vorkommende Eisenoxid-Pigmente lassen sich nach ihrer Entstehung in zwei Gruppen einteilen:

Die *primären* Eisenoxidpigmente entstammen primären Lagerstätten, d. h. reinen Eisenerzvorkommen. Sie zeichnen sich durch einen besonders hohen Anteil an färbenden Komponenten aus. Dazu gehören Hämatit oder Roteisenstein und die Pigmente mit den Bezeichnungen Spanisch Rot, Persisch Rot usw. *Sekundäre* Eisenoxidpigmente sind durch Verwitterung eisenhaltiger Stoffe entstanden, fortgeschwemmt und an sekundären Lagerstätten abgelagert. Sie enthalten neben den Eisenverbindungen — häufig als Hauptbestandteil — Tonmineralien. Zu dieser Gruppe gehören die roten und gelben Ocker, Rötel, Bolus usw.

Primäre und sekundäre Eisenoxid-Pigmente unterscheiden sich demnach durch den Anteil der natürlichen Beimengungen bzw. den Anteil an färbenden Eisenoxiden und deren mikroskopische Struktur: einerseits zeigen sich deutlich kristalline, leuchtend rote bis blutrote, fast an Zinnober erinnernde Eisenoxid-Partikel, andererseits kleinteilige Partikel mit meist abgerundeter Kornform. Durch die Heterogenität der Zusammensetzung ist die Vielfalt der Farbschattierungen der Eisenoxid-Pigmente erstaunlich groß.

Sehr selten tauchen in der Fachwerkfarbigkeit weitere Pigmente wie z. B. Smalte, Mennige und Grünspan auf. Diese Pigmente, von Cramer[3] „Zierfarben genannt", wurden wohl ausschließlich für Dekorationsmalerei reich ausgestatteter Gebäude verwendet. Nachgewiesen wurden diese Pigmente in Fachwerkfassungen im süddeutschen Raum.

Wesentlich farbenfroher wird die Palette der verwendeten Pigmente ab der Mitte des 19. Jahrhunderts. Mit der fabrikmäßigen Herstellung des synthetischen Ultramarins stand zum erstenmal ein preiswertes und vor allem kalkbeständiges Pigment zur Verfügung. Alle bislang bekannten blauen Farbmittel waren entweder viel zu kostspielig — wie Smalte, ganz zu schweigen von Lapislazuli, dem natürlich vorkommenden Ultramarin — oder nicht kalkbeständig — wie die natürlichen und synthetischen Kupferpigmente oder das seit der Mitte des 18. Jahrhunderts in allen Seccomaltechniken häufig verwendete Preußisch Blau.

4 Querschnitt durch eine Fassungsprobe, Rohren, Haustür. 100fache Vergrößerung

Die Folge war ein wahrer „Blaurausch", unter den untersuchten Proben gab es nur einige wenige, die keine blau eingetönten Anstriche aufweisen. Zu welchen intensiven Farbgebungen man sich dabei hinreißen ließ, zeigt die Probe eines Wandanstrichs aus Kottenheim (Abb. 3). Der auffallende Wechsel von blauen zu leuchtend grünen Farbanstrichen ist wohl durch das rund 30 Jahre nach Ultramarin auf dem Markt erscheinende, ebenfalls preiswerte und uneingeschränkt kalkbeständige Chromoxid-Grün zu erklären.

Mit Bleiweiß, dem bis zum Ende des 19. Jahrhunderts wichtigsten Weißpigment für die Ölfarbentechnik, erwies sich das schwefelhaltige Ultramarin jedoch als unverträglich, es treten Schwärzungen, die sogenannten Bleiweißschwärzungen, auf. Trotzdem wurde diese Ausmischung in einem öliggebundenen Anstrich auf Holz nachgewiesen. Betrachtet man einen Querschnitt durch diese Farbschicht, so fällt auf, daß zwar an der Oberfläche eine deutliche Schwärzung aufgetreten ist, die eigentliche Schicht jedoch unverfärbt ist (Abb. 4). Dies läßt sich dadurch erklären, daß die Bleiweißschwärzung, die Umwandlung des weißen Bleipigments — ein basisches Bleicarbonat — in schwarzes Bleisulfid nur in Gegenwart von Feuchtigkeit abläuft.

Die genannten Pigmente wurden mit Hilfe der üblichen mikrochemischen und physiko-chemischen Methoden nachgewiesen. Diese Methoden sowie die Möglichkeiten und Grenzen der modernen instrumentellen Analytik für die Pigmentbestimmung wurden bereits vielerorts und zur Genüge beschrieben, so daß ich hier nicht weiter darauf eingehen möchte.[4]

Weitaus interessanter aus technologischer, aber auch aus chemisch-analytischer Sicht sind wohl die Bindemittel bzw. die Bindemittelzusätze der Fachwerkfassungen. Für die wichtigste Technik, die Kalkmalereitechnik, werden zahlreiche Rezepte überliefert, in denen der Kalkmilch, d. h. der verdünnten Aufschlämmung von gelöschtem Kalk, geringe Mengen von Milch, Buttermilch oder Quark, Blut oder Blutserum, Leim, Leinöl, Heringslake oder Salz, Bier usw. beigemischt werden.[5] (vgl. Tabelle 2) Die erstgenannten Zusätze zählen zu den gebräuchlichen organischen Bindemitteln, häufig wurden sie deshalb als Hinweis auf eine Seccomaltechnik interpretiert. In einem Gemisch aus „1—2 Eßlöffel Leinöl auf 10 Liter dick gestochenem Sumpfkalk" kann das Leinöl aber mit Sicherheit nicht als Bindemittel fungieren. Gleiches gilt für geringe Mengen von Milch oder Blutserum, die dem Sumpfkalk beigemischt werden. Heißt es jedoch in einer Anweisung, daß „1 kg fettfreier Quark, 1 Liter Sumpfkalk und 1/4 l Leinöl" zu mischen sind, so ist wohl eindeutig eine Kasein-Tempera das Resultat.[6] Sicher sind die Übergänge fließend, die Grenze, die ein Tempera Bindemittel von einem Zusatz zu einem Kalkbindemittel trennt, läßt sich nicht eindeutig definieren.

Welche Funktion haben die genannten Zusätze zur Kalkmilch? Sie wirken aufgrund ihrer wasserbindenden Eigenschaften als „Verzögerer", der Kalkanstrich trocknet langsamer und bindet damit gleichzeitig besser ab. Diese Eigenschaft erlangen die Bindemittel auf Protein- bzw. Ölbasis erst durch eine Reaktion mit dem alkalischen Kalk bzw. Calciumhydroxid; sie werden dabei

Tabelle 2
Fachwerkfarbigkeit — Bindemittel

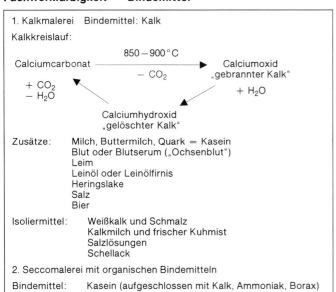

1. Kalkmalerei   Bindemittel: Kalk

Kalkkreislauf:

$$Calciumcarbonat \xrightarrow[{-CO_2}]{850-900°C} Calciumoxid \text{ „gebrannter Kalk"}$$

mit Rückreaktion $+ CO_2, - H_2O$ und $+ H_2O$ zu Calciumhydroxid „gelöschter Kalk"

Zusätze: Milch, Buttermilch, Quark = Kasein
Blut oder Blutserum („Ochsenblut")
Leim
Leinöl oder Leinölfirnis
Heringslake
Salz
Bier

Isoliermittel: Weißkalk und Schmalz
Kalkmilch und frischer Kuhmist
Salzlösungen
Schellack

2. Seccomalerei mit organischen Bindemitteln

Bindemittel: Kasein (aufgeschlossen mit Kalk, Ammoniak, Borax)
Leim tierischer und pflanzlicher Herkunft
Trocknende Öle (Leinöl)

Seccomalerei nur für Innenräume, Holz etc. oder für „seccoaufgetragene" Ornamente, Begleitstriche etc.

misch umgewandelt in Stoffe mit salzartigem bzw. seifenartigem Charakter.

Eine vergleichbare wasserbindende, hygroskopische Wirkung haben Zusätze von Salz und Heringslake — ob Heringslake durch die enthaltenden Stoffe wie Amine, Aminosäuren oder Fette einen über die Salzwirkung hinausgehenden Effekt hat, oder ob es als Abfallprodukt lediglich einen billigen Ersatz für Salz darstellte, läßt sich schwer abschätzen. Daß ein Restaurator einen Zusatz von Salz zu einem Kalkanstrich aus konservatorischen Gründen rundweg ablehnen muß, sei nur am Rande erwähnt.

Die Wirkungsmechanismen der in der Tabelle 2 aufgeführten Isoliermittel, anzuwenden bei Fett-, Ruß- oder Wasserflecken, stellen die Kombinationsfähigkeit eines Chemikers auf die Probe. Schellack isoliert sicher durch Abdeckung, das seifenartige Produkt der Reaktion zwischen Kalkmilch und Schmalz könnte eine oberflächenaktive, d. h. benetzende Wirkung haben, ebenso der „Absud von frischem Kuhmist mit Kalkmilch".

Eine mindestens ebenso schwierige Aufgabe ist der analytische Nachweis dieser Zusätze. Anders als die Pigmentbestimmung, die heute nahezu als Routineuntersuchung gilt, ist die Analytik der organischen Bindemittel noch nicht befriedigend gelöst. Dies erklärt sich vor allem durch die komplexe Zusammensetzung der Verbindungen und durch die Vielfalt der Reaktionen und Veränderungen, die im Laufe der Alterung eintreten können. Die gebräuchlichen organischen Bindemittel lassen sich mit Hilfe von gruppenspezifischen Nachweisen, aus der Histologie entlehnten Anfärbereaktionen an Anschliffen oder chromatographisch, zumindest in ihren Stoffgruppen, bestimmen. Bei ausreichender Substanz ist häufig die genauere Identifikation innerhalb der Stoffgruppen möglich: Trocknende Öle z. B. unterscheiden sich in ihren Fettsäurezusammensetzungen, tierische Leime (Glutinleime) unterscheiden sich durch bestimmte Aminosäuren von Proteinen wie Kasein oder Albumin (Serumalbumin, Lactalbumin etc.). Diese Gruppe jedoch ist in ihrer Zusammensetzung so ähnlich, daß mit herkömmlichen Mitteln eine Unterscheidung nicht möglich ist. So ist zu erklären, daß die Untersuchung der Fachwerkfassungen häufig die Anwesenheit von Protein, wohl Kasein, ergab, aber keine genauere Spezifizierung.

Für diesen genauen Nachweis und für die Bestimmung anderer in geringen Mengen beigemischter Zusätze ist eine systematische Erprobung und Entwicklung neuer Nachweismethoden, aufbauend z. B. auf Methoden aus dem Bereich der forensischen Chemie, erforderlich. Die z. Z. im Gelände des Freilichtmuseums angelegten Probeanstriche mit den unterschiedlichen, durch historische Rezepte belegten Zusammensetzungen sind hierfür Referenzmaterial von unschätzbarem Wert.

Anmerkungen

1 Elisabeth Jägers, Naturwissenschaftliche Untersuchungen in der Bauforschung. In: Bauforschung und Denkmalpflege, hrsg. von Johannes Cramer, Stuttgart 1987, S. 57 — 60.
2 Herr Jürgen Hohmann demonstrierte anläßlich des Symposiums: Oberflächenbehandlung an und in Fachwerkgebäuden (Kommern, 17. und 18. Oktober 1986) die Färbung von Kalkmilch mit Eisenvitriol.
3 Johannes Cramer, Historische Farbigkeit im süddeutschen Fachwerkbau — Grundlagen und Farben. 1. Teil. In: Das Deutsche Malerblatt, 1986, S. 762.
4 Hermann Kühn, Möglichkeiten und Grenzen der Untersuchung von Gemälden mit Hilfe von naturwissenschaftlichen Methoden. In: Maltechnik-Restauro 1974, S. 149.
5 Ulrich Schießl, Ochsenblut — ein Farbbindemittel und ein Farbname. Denkmalpflege in Baden-Württemberg, 3/1981, S. 122.
6 Franz-Josef Kosel, Technische Aspekte von Anstrichen nach schriftlichen Quellen, Befragungen und naturwissenschaftlichen Befundanalysen. Vortrag beim Symposium: Oberflächenbehandlung an und in Fachwerkgebäuden. Kommern, 17. und 18. Oktober 1986.

Abbildungsnachweis
Alle Fotos: Elisabeth Jägers

Putz, Stuck, Lehm und Holz als Anstrichuntergründe

Jürgen Hohmann

Bei zahlreichen Fachwerkuntersuchungen im Rheinland konnten wir beobachten, daß an Putzen auf Lehmausfachungen ein wesentlich größeres Schadensbild festzustellen ist als an Putzen auf Steinausfachungen. Das ist auch ganz natürlich, wenn wir uns die Putzträger anschauen: hier festes und starres Material, dort elastisches Material, hier chemische Bindung mit dem Träger, dort nur mechanische. Es ist auch klar, daß eine Ausfachung mit Lehm, ob mit oder ohne Putz, mehr Pflege braucht als eine Steinausfachung. Selbst falsch durchgeführte Reparaturen und Ausbesserungen, wie Putzergänzungen mit Zementmörtel und Anstriche mit Öl-, Dispersions- oder Latexfarben, kann eine Steinausfachung noch eher vertragen, als die Lehmausfachung.

In der Regel werden bei Renovierungen, auch wenn die Stakung und der Lehm noch überwiegend vorhanden sind, leider die Gefache ausgeräumt und mit Steinen zugesetzt. Es fehlt an Erfahrungen, an Handwerkern und Mut, um eine Lehmausfachung mit Putzauftrag wieder zu erstellen oder zu reparieren.

Lehm ist ein idealer Werkstoff, resistent gegen alle unsere Umwelteinflüsse, die uns sonst soviel Kummer bereiten, nur eins verträgt er nicht: Wasser. Im Gegensatz zu den Vorgängen bei anderen bautechnischen Bindemitteln wie „Kalk" oder „Zement" ist der Vorgang des Erhärtens bei Lehm durch Zuführung von Feuchtigkeit jederzeit rückgängig zu machen. Die Wasserempfindlichkeit des Lehmes und ihn vor Wasser zu schützen ist schon immer das Hauptproblem des Lehmbaues gewesen. Man versuchte ihn zu schützen durch große Dachüberstände, Bretterverschalung, Verputz und Anstrich. Den Lehm mit Kunstharzen wasser- und wetterfest zu machen, wäre kein Problem, nur ist es dann kein Lehm mehr. Lehm erhärtet durch die Zusammenhangskraft, die Kohäsion, seiner aufschlämmbaren Tonteilchen.

Dieses Material soll nun einen Feuchtigkeits- und Regenschutz bekommen aus Kalkputz, Kalkschlämme oder Kalkanstrich. Dabei ist zu bedenken, daß Kalk und Lehm sich chemisch nicht miteinander verbinden lassen. Kalk hebt die Bindekraft des Tones teilweise auf. Aus der Landwirtschaft wissen wir, daß schwere tonige Böden durch Kalkzugabe aufgelockert werden. Die Bauwirtschaft fordert lehmfreie Sande, um nicht zuviel Bindemittel, also Kalk, zusetzen zu müssen.

Zu den Schwierigkeiten, die man mit der Haftung von Putz und Anstrich auf Lehm schon immer gehabt hat, zwei Zitate; Hermann Muthesius schreibt 1918 in „Kleinhaus und Kleinhaussiedlung": „Der andere Nachteil ist die Notwendigkeit eines wetterschützenden Kalkputzes, der sich aber nicht mit der Lehmschicht verbindet und nur zu häufig herabfällt". Und Richard Niemeyer in seinem Buch „Der Lehmbau": „Kalkanstriche auf Lehmwände halten ein, höchstens zwei Jahre. Wenn sie nicht immer wieder erneuert werden, dann wird das Bauwerk schnell unansehnlich". Er rät zu einem ordentlichen Putz. Da diese Haftung so schwierig war und ist, gibt es zum Teil abenteuerliche Rezepturen. Den Vorschlag, Kalkmilch oder Kalkpuder in die letzte Lehmschicht mit hineinzureiben, mag man ja unter Umständen noch vertreten, aber den Lehm mit Steinkohlenteer zu bestreichen und vor dem Erhärten mit Feinkies zu bestreuen, damit der Putz haftet, gehört schon zu den Verzweiflungstaten. Steinkohlenteer ist ein vorzügliches Klebemittel, das auch wasserdicht hält, aber den wichtigen Mechanismus des Dampfdurchgangs völlig unterbindet.

Es ist unbestritten, daß der Kalkputz für die Anbringung auf dem Lehmuntergrund eine Haftbrücke braucht und zwar entweder eine, die die Lehmfläche durch ihre Struktur bildet oder durch eine dazwischengeschaltete Bewehrung. Die üblichen historischen Haftbrücken auf der Lehmoberfläche kennen wir; es sind unter anderem die zum Teil ornamentalen Eindrückungen in den noch feuchten Lehmschlag mit den Fingern oder mit einem aus Holz hergestellten Kamm — im Prinzip das gleiche, wie es mit der Truffel beim Kalkunterputz gemacht wird. Oft sind diese Muster senkrecht oder diagonal, seltener waagerecht, was für die Haftung aber vorteilhafter wäre. Wenn diese Muster von selbst auftauchen, d. h. der Putz herabgefallen ist, dann waren sie nicht ausreichend. Richard Niemeyer betrachtet diese Technik des Abkämmens für den Außenputz allerdings als gänzlich wirkungslos.

Eine andere Haftbrücke sind einzelne schräg gestellte Eindrückungen, die in ausreichender Anzahl mit den Fingern oder einem Holz ebenfalls in den noch feuchten Lehmschlag gelöchert werden. Diese Technik entspricht dem Anpicken bei altem Kalkmörtel, der neu überputzt werden soll. Die beim Verputzen dann auftretenden Noppen halten den Putz, können aber auch abbrechen; daher sollen es ja auch möglichst viele sein. Zusätzliche Hafthilfen, allerdings nur für einen dünnen Putz, sind auch herausragendes Stroh oder Häcksel. Besser aber sind, bei einem steinreichen Lehm, die an der Oberfläche sitzenden Steinchen, die vor dem Verputz mit einem scharfen Wasserstrahl etwas freigesetzt werden. Bei sorgfältiger Ausführung sind diese historischen Hafthilfen auch heute noch technisch vertretbar, mehr Sicherheit erhält man allerdings durch ausreichend tief eingeschnittene Riefen. Sicheren Halt wird man auch mit den aus dem Lehmstein- und Stampflehmbau entlehnten Techniken finden (Abb. 1).

Da ist zunächst die Steinleistentechnik (nach Maurermeister Rumpf) zu nennen. Dabei werden auf die einzelnen Stampfschichten Ziegelscherben aufgelegt. Bei der Lehmausfachung lassen sich leicht vor der Trocknung solche Ziegelscherben oder auch flache Steine einschieben und zwischen diese Steinleisten noch zusätzliche Riefen schneiden. So bieten dann die Riefen und die unter Umständen leicht vorstehenden Scherben oder Steine eine gute Aufhängungsmöglichkeit für den Putz.

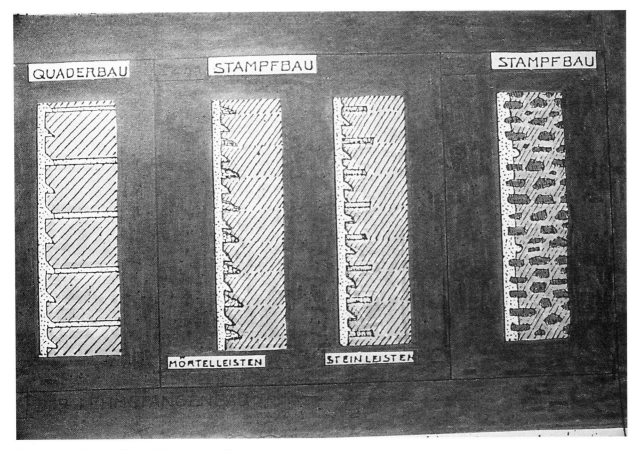

1 Putztechniken im Stampflehmbau nach Niemeyer

2 Mörtelleistentechnik, linke Seite vorgekälkt, jede zweite Riefe gefüllt

3 Mörtelleistentechnik, linke Seite vorgekälkt, Riefen gefüllt

Eine aus dem Lehmsteinbau für den Lehmstampfbau abgewandelte Technik ist die Mörtelleistentechnik. Wenn beim Lehmsteinbau die Lehmsteine mit Kalkmörtel versetzt wurden, kratzte man die Lagerfuge aus und schrägte zugleich die unteren Kanten der Steine an. Nach einem anderen im Lehmstampfbau üblichen Verfahren wurde eine drei Zentimeter hohe Latte in drei Zentimeter Abstand von der Schalung auf den gestampften Lehm aufgelegt und der Zwischenraum zwischen Latte und Schalung mit Mörtel ausgestrichen, mit Stampflehm überschüttet und weitergestampft. Nach Hochziehen der Schalung wurden dann zwischen die Mörtelleisten wiederum Riefen geschnitten.

Diese Technik kann man auch ohne weiteres bei Lehmausfachungen anwenden (Abb. 2 und 3). Dabei werden in den noch feuchten Lehmschlag zunächst Riefen eingeschnitten. Nach dem Durchtrocknen wird jede zweite Riefe mit Kalkputz gezielt beworfen, d. h. zugeworfen, ohne den Putz anzudrücken, da ja bekanntlich angeworfener Mörtel die höchste Festigkeit und Verklammerung mit dem Untergrund erreicht, wenn er nach dem Anwurf nicht mehr berührt wird. Zu weit vorstehende Partien sowie Fehlwürfe kann man aber trotzdem vorsichtig abschneiden bzw. abkratzen. Sind diese Mörtelleisten abgebunden, wird der Putz aufgetragen. Zuerst muß man die noch freien Riefen vorwerfen und etwas anziehen lassen, dann ganzflächig bewerfen und glatt und dicht ziehen bei einlagigem Putz, rauh belassen bei mehreren Putzlagen.

Dieses Verfahren ermöglicht gleichzeitig eine chemische Bindung auf den noch nicht abgebundenen Putzleisten und eine mechanische Klammerung mit dem frischen

4 Gefach mit erstem Kalkputzauftrag rechts und zweitem Kalkputzauftrag links

5 Erster Kalkschlämmanstrich mit Quarzsand

Mörtel in den freigebliebenen Riefen. Die dazwischenliegenden Lehmflächen werden so notfalls überbrückt. Um den abgetrockneten Lehmschlag bei den Putzarbeiten nicht zu sehr aufzuwühlen, ist ein Vorspritzen der gerieften Lehmfläche mit Kalkmilch vorteilhaft. Diese beiden zuletzt erläuterten Techniken sind zwar für den Stampflehmbau bzw. Lehmsteinbau entwickelt worden, und soweit mir bekannt, sind sie auch bei historischen Lehmausfachungen als Befund bisher nicht festgestellt worden, ihre Anwendung wäre aber bei Neuausfachungen durchaus praktikabel.

Eine andere Technik ist der Schlämmputz (Abb. 4, 5 und 6). Unter Schlämmputz versteht man einen dicken Mörtelanstrich. Kalk mit gewaschenem feinen Sand, der zwei bis dreimal mit der Bürste aufgetragen wird. Den ersten, ruhig satten Auftrag sollte man mit einer wegen der Unebenheiten nicht zu großen Holztruffel in den Lehmschlag durch Reibung hineinmassieren und zwar soweit, daß der Farbton des ersten Schlämmputzes durch die verletzte Lehmfläche gelblich wird. Der erste Schlämmputz liegt damit in der Lehmoberfläche und haftet mechanisch. Der dann naß in naß aufgetragene zweite oder auch dritte Schlämmputz geht mit den vorhandenen zahlreichen Kalk-Sandanteilen eine chemische Haftung ein. Rezepte, die auf diesen einmassierten ersten Schlämmputz einen regulären Kalkputz vorschlagen, halte ich vom Gewicht her für sehr problematisch, da hier mit Sicherheit die geringen mechanischen Haftungskräfte des ersten Schlämmputzes überfordert werden. Wegen der geringen Schichtstärke eines zwei- oder dreilagigen Schlämmputzes besteht bei unzureichendem Dachüberstand allerdings das Problem der schnellen Durchfeuchtung bis hin zum Lehm, der dann quillt und schrumpft und die Schlämmschicht abwirft. Auch Kälberhaarzuschläge, die den Putz elastischer machen, können die Ablösung nur eine gewisse Zeit überbrücken. Schließlich wird sich der Putz aber doch ablösen.

Sowohl bei den Putzen als auch bei den Schlämmputzen hat es natürlich auch immer wieder Zusätze gegeben, um den Putz geschmeidiger und wasserdichter zu machen: mit Ölen, Kaseinen, Schmierseife, fetthaltigen wachsartigen Stoffen; später kamen dann fertig hergestellte Mörteldichter hinzu wie Ceresit, Heimalol, Biber, Lugato oder auch Zement. Um eine weitgehende Wasserdichtigkeit zu erreichen, sowohl beim Putz als auch bei der Putzschlämme, wäre folgender Aufbau denkbar:
— Trasskalkputz bzw. Trasskalkschlämme
— Anstrich mit Mineralfarbe
— evtl. Hydrophobierung

Weshalb diese Auswahl?

Trasskalkputz ist wiederstandsfähiger gegen Feuchtigkeit als Kalkputz und wiederstandsfähig gegen unsere übliche Umweltbelastung. Bekannt ist ja, daß der saure Regen Kalkanteile in Gips umwandelt. Einige von Ihnen werden sich jetzt sicher fragen: Was ist Trass? Deshalb dazu eine kurze Erklärung: Trass ist gemahlener vulkanischer Tuffstein, den die vor fast 2000 Jahren im Rheinland ansässigen Römer als Werkstein für Bauten aller Art bevorzugten, da sie in ihrer Heimat an ähnliches

6 Zweiter Kalkschlämmanstrich

7 Putzproben auf Lehmgefach mit verschiedener Untergrundvorbehandlung. Links Mörtelleistentechnik, anschließend Drahtgewebe, Befestigung auf eingedrückten Löchern und rechts ein Schlämmputz

Steinmaterial gewöhnt waren. Sie mahlten lockere Lagen des Tuffsteines aus Bayern und dem Westerwald zu Trass. Trass ist wie Puzzolan- und Santorinerde ein hydraulisch reagierender Zuschlagstoff, der reich an löslichen und sauren Bestandteilen ist. Er bindet nur in Gegenwart von Kalk oder Zement ab und macht damit auch Luftkalke in gewissem Grade hydraulisch, d. h. er bewirkt die Fähigkeit, auch unter Wasser abzubinden, wie Zement. Trass ist aber nur als Zuschlag, nicht als Ersatz des Bindemittels zu werten.

Ein Trasszusatz erhöht somit die Dichte, Festigkeit und chemische Widerstandsfähigkeit des Mörtels. Mineralfarbe ist wiederstandsfest gegenüber dem sauren Regen, hält länger als ein Kalkanstrich und benötigt weniger Vorarbeiten bei Erneuerungsanstrichen; denn Kalkschichten müssen nach mehreren Anstrichen hin und wieder abgestoßen werden. Eine Hydrophobierung macht die Oberfläche wasserabweisend, baut sich aber degressiv in etwa 10 Jahren ab, sie hat dadurch allerdings den Nachteil, daß ein Neuanstrich oder auch eine einfache Ausbesserung erst nach dieser Zeitspanne möglich ist.

Nun aber wieder zu den anderen Zuschlagstoffen. Kasein befindet sich als natürlicher Käsestoff zu 3—3,5% in der Kuhmilch. Frischer Quark, mit Kalkbrei vermischt, ist als Topfenleim seit dem 8. Jahrhundert bekannt und diente als Bindemittel in der Seccomalerei oder als Zusatz zum Frescomörtel.

Kalkkasein kennt man als Holzkaltleim für wasserfeste Holzverleimungen. Quark oder Weißkäse wird mit Kalk aufgeschlossen und ergibt eine weißgelbe Paste. In der Regel wird der Umweg über den Kaltleim nicht gegangen, sondern ein Teil Quark wird dem fertigen Kalkmörtel zugegeben, dabei aufgeschlossen und durch das Mischungsverhältnis hinreichend verdünnt. Der Quark für sich allein ist also noch kein zusätzliches Bindemittel, sondern erst durch den Kalkaufschluß.

Andere Zusatzbindemittel sind Milch und Blut. Milch, Blut und Kasein bilden in Verbindung mit Kalk neben dem wasserunlöslichen Kalkstein, den der Kalk durch Aufnahme von Kohlensäure alleine bildet, zusätzlich wasserunlösliches Kalkkasein.

Bei den ebenfalls historisch bekannten Zugaben von Ölen und Fetten ergibt sich mit dem Kalk zusammen eine wasserunlösliche Kalkseife.

Diese Bindemittelzugaben erhöhen also nicht nur die Festigkeit und Widerstandsfähigkeit gegen die Witterung, sondern auch die Klebefähigkeit und Geschmeidigkeit des Mörtels.

Wichtig ist für einen guten Putz auch die Qualität der Hauptsubstanzen Kalk und Sand. Ein gelöschter und lange in der Grube gelagerter Kalk ist sicher besser und geschmeidiger als ein fabrikmäßig gelöschter, pulverförmiger sogenannter Löschkalk. Will man aber mit Trasskalk arbeiten, der ja zu einem erheblichen Anteil aus solchem pulvrigen Löschkalk besteht und durch den Trassanteil innerhalb von fünf Stunden nach dem Anmachen verarbeitet werden muß, kann man mit Grubenkalk nur arbeiten, wenn man beim Anmachen des Kalkmörtels reinen, noch nicht mit Kalk vermischten Trass zugibt. Das Mischungsverhältnis ist nicht problematisch, was an

Trass für die Umsetzung vom Luft- zum hydraulischen Mörtel gebraucht wird, nimmt sich der Mörtel, was darüber hinausgeht ist neutrales Magerungsmittel.

Ein Wort zu Mischungsverhältnissen: Ich möchte davor warnen, nach Rezepten wie 1 : 3 oder 1 : 4 vorzugehen, da Sie damit leicht Schiffbruch erleiden können. Denn das Mischungsverhältnis hängt von der Qualität des Kalkes, von der Korngröße, Schärfe und Reinheit des Sandes sowie von eventuellen Zugaben ab. Gemischt wird in der Regel mit 1 : 3 „im Hinterkopf", dann aber entscheidet die Kellenprobe das richtige Mischungsverhältnis. Rutscht der Mörtel bei Senkrechtstellung der Kelle sofort ab, ist er mager; verharrt er vor dem Abrutschen kurz, ist er normal; bleibt er hängen, ist er fett; bleibt selbst nach einer weiteren Drehung unterhalb der Kelle hängen, ist er sehr fett. Bei den Überlegungen für die Herstellung eines guten Putzes sollte man auch Dispersionszusätze nicht grundsätzlich ausschließen; man erhält dadurch keinen Kunstharzputz, Dispersion ist auch nur ein Zusatz, wie die anderen.

Allgemein gilt: Es dürfen keine Produkte verwandt werden, die das Abbindeverhalten der anorganischen Bindemittel beeinträchtigen. Außerdem darf bei der Aushärtung das Gefüge nicht gestört werden, so daß ein homogener Verbund der Bindemittelteilchen miteinander gewährleistet bleibt.

Durch den Einsatz von Kunststoffdispersionen wird die Geschmeidigkeit erhöht und die Mischung klebriger, so daß sie besser auf dem Untergrund haftet. Das Zusatzmittel steigert gleichzeitig das Wasserrückhaltevermögen eines Mörtels, d. h. es braucht kaum vorgenäßt zu werden. Der ausgehärtete Putz besitzt bessere Festigkeits- und Elastizitätseigenschaften, die eine höhere Widerstandsfähigkeit auch bei starken Witterungseinflüssen gewährleisten. Darüber hinaus bleibt die Atmungsaktivität des Mörtels erhalten, so daß der Durchtritt gasförmigen Wassers nicht gesperrt wird. Dagegen wird eine gewisse dichtende Wirkung gegen flüssiges Wasser erzielt. Die Zugabe von Mowilith-Dispersionen in das Anmachwasser gewährleistet eine gleichmäßige Einmischung. Es genügen 4—6% Dispersion bezogen auf die Menge des Anmachwassers.

Neben diesen unterschiedlichen Techniken, um Putz oder Schlämmputz direkt auf die Lehmausfachung anzubringen, ist es seit langem üblich, Bewehrungen mit Steckmetall, Drahtnetzen oder Gittergewebe einzubauen. Ihre Befestigung am Fachwerkholz halte ich jedoch für problematisch, da man auf diese Weise eine eigenständige Putzschale schafft, bei der man zwar das Holz, nicht aber die Lehmausfachung kontrollieren kann. Die Ausfachung sollte durch Putzabwurf erkennbar machen können, wenn technische Probleme auftreten. Etwas anderes sind Bewehrungen, die sich im Lehmschlag abstützen; sie dienen dann als Antragshilfe und bleibende Armierung des Putzes.

Nun zu den Anstrichen.

Bei den von uns betreuten, meist großflächigen Objekten werden seltener Kalkanstriche angewandt, sondern in der Regel die im optischen Erscheinungsbild nicht sehr abweichende Mineralfarbe, die sich seit mehreren Jahrzehnten bewährt hat. Das Problem bei den Großflächen beginnt nämlich bereits bei der richtigen Mischung der Farben. Wer setzt die Chargen an? Wer vermengt beispielsweise Quark mit Kalk und Pigment? Mit dem Rührgerät? Wer übernimmt die Garantie für die Farbe? Die Anwendung von Mineralfarben wird schon dadurch wesentlich erleichtert, daß man sie ab gewissen Mengen in einer beliebigen Tönung ab Werk beziehen kann, d. h. sie kommen einer Handwerkergeneration wesentlich entgegen, die den Umgang mit den überlieferten Materialien kaum mehr gelernt, geschweige denn geübt hat. Bei Fachwerkbauten oder anderen kleineren Gebäuden gibt es hier weniger Probleme. Dort können solche selbst angesetzten Farben eher ausprobiert werden.

Das Fachwerkhaus ist durch seine Einzelputzfelder in Bezug auf Reparatur und teilweisen Neuanstrich nahezu ideal. Die stark belasteten Felder im unteren Bereich können leicht ohne großen Aufwand erreicht werden, die hochliegenden sind meistens durch die Dachüberstände geschützt und müssen nur in längeren Intervallen versorgt werden.

Grundsätzlich braucht ein Fachwerkhaus als unstarres Objekt aber nun einmal mehr Pflege als ein Steinhaus. Man wird nicht umhin kommen, jährlich kleine Reparaturen vorzunehmen, denn vernachlässigt man vermeintlich geringe Mängel, so können sie sich schon in kürzester Zeit zu größeren Schäden entwickeln.

Die Anwendung von reinem Kalk ohne jeden Zusatz ist eine sehr zeitaufwendige Technik, da für einen deckenden Anstrich wegen der richtigen Karbonatisierung vier bis fünf dünne Einzelanstriche erforderlich sind. Deshalb werden seit jeher Zusätze verwendet, die den Kalk dickflüssiger machen und erlauben, ihn über die sonst möglichen 10% hinaus zu pigmentieren, so daß man mit ein bis zwei Anstrichen auskommen kann. Milch, Kasein, Molke fiel früher auf jedem Hof an. Mit diesen Zusätzen zubereitete Kalkkaseinfarbe kann man wesentlich dicker streichen, ohne daß die Kalkfarbe wischt. Dieses Wischen oder mit der Mütze abschlagen können, ist ein Zeichen, daß der Kalk nicht genug Kohlensäure aufnehmen konnte. Anfang des 20. Jahrhunderts ist dann als Zusatz zum Kalk weißer Portlandzement üblich geworden, mit dem man „schön dick suppen" konnte, und der auch hielt. Die Mischung ist narrensicher; entweder erhält man einen Zementanstrich mit Kalkzuschlag oder einen Kalkanstrich mit Zementzuschlag.

Weitere Zugaben zum Kalk sind Blut, fälschlicherweise wird oft sogenanntes Ochsenblut als Färbemittel angesehen.

Aber Blut ist ebenso ein eiweißhaltiges Bindemittel wie Milch und Kasein (Anders ist es mit Drachenblut, das man wirklich zum Abtönen verwenden kann. Drachenblut stammt allerdings nicht von Drachen, sondern es ist ein rotes Farbharz der südostasiatischen Rohrpalme). Die Zugabe von Salz oder Heringslake erhöht nur indirekt das bessere Abbinden. Da der Kalk nur im feuchten Zustand Kohlensäure aufnehmen kann, und Salz und Heringslake hygroskopisch sind, d. h. Feuchtigkeit anziehen, bleibt der Kalkanstrich länger feucht; diese Zugaben können aber Ausblühungen verursachen. Öl- oder Fettzugaben ergeben, wie beim Putz schon erwähnt, wasserunlösliche Kalkseifen.

Für die sichtbare Holzkonstruktion ist natürlich auch eine Tränkung oder ein Schutzanstrich nötig. Gebrauchen kann man nur trocknende Öle. Das gebräuchlichste war und ist wohl das Leinöl. Es wird durch Auspressen von Leinsamen gewonnen und dann weiter aufgearbeitet durch Entschleimen, Bleichen, Entsäuren, Filtrieren. Durch weiteres Veredeln wird die Trocknung, Wasserfestigkeit und Lichtbeständigkeit verbessert. Die sogenannten Dicköle, wie Standöle, geblasene Standöle und geblasene Öle, sind durch Kochen und unter gleichzeitigen oxydationsförderndes Durchblasen von Luft eingedickte Leinöle. Sie ergeben eine lackartige Oberfläche. Dadurch wird die Wetterbeständigkeit nicht erhöht, aber die Dampfdiffusion aus dem Holz heraus verschlechtert. Ebenso ist es bei Leinölfirnissen, die entweder durch „Kochen" oder durch Sikkativzugaben schnell trocknen. Somit hat man es hier mit einem wahlweise einzusetzenden Material zu tun. Handelt es sich um unbehandeltes oder ausgelaugtes Holz, ist reines Leinöl unter Umständen verdünnt zu Halböl, ein ideales tief eindringendes Material, das bedingt durch seine langsame natürliche Oxydation sehr weit in das Holz vorstoßen kann. Sind Hölzer bereits behandelt, sollte man zu den Dickölen oder den Leinölfirnissen greifen, da ja dann nur die Oberfläche einen erneuten Schutz braucht. Ob das Material pigmentiert oder unpigmentiert Anwendung findet, sollte nach den Befunden entschieden werden. Mit Teerstoffen oder Bitumen behandeltes Fachwerkholz kann man nach der Entfernung der versprödeten Oberfläche nur mit dem gleichen Material behandeln, es sei denn man reinigt das Holz porenrein.

Auch moderne offenporige Holzschutzmittel sind technisch vertretbar. Mischbar sind immer die Töne eines Produktes untereinander, z. B. Ebenholz aufhellen mit Eiche hell oder ähnlich.

Im Gegensatz zu den Putzen und Anstrichen im Außenbereich, die als vorgezogene Verschleißschichten das Haus vor Feuchtigkeit, Verwitterung und sonstiger Umweltbelastungen schützen sollen, entstehen die Belastungen im Innenbereich im wesentlichen nur durch die Nutzung.

Ausweichmaterialien gegenüber den authentischen historischen Baustoffen wie im Außenbereich benötigen wir daher nicht. Man kann demnach alle Stoffe verwenden, die früher üblich waren und an dem Gebäude zu belegen sind, z. B. Kalk mit Zusatz von Kasein oder auch Leim. Damit erreichte man ein besseres Haftvermögen an zu überstreichenden Holzteilen und konnte stärker pigmentieren. Leimfarbenanstriche sind wegen ihrer pastoseren Einstellung eine ideale Farbe für Schmucktechniken wie beispielsweise Wickeln oder Schablonieren. Was einige vielleicht nicht glauben: Kalk hält auch auf Gips. Selbstangemengte Wasserglasfarben nahm man für Küche, Milchküche, Keller etc.; ohne Pigment als flammenhemmendes Mittel für die Holzkonstruktion.

Auch bei der an sich unproblematischen Anwendung historischer Rezepte im Innenbereich darf man einen wesentlichen Aspekt allerdings nicht aus den Augen verlieren, nämlich die Vermeidung von abdichtenden Anstrichen auf den Innenseiten der Außenwände. Denn der Lehm, ob nun mit Kalk- oder Kalkkasein oder mit Ölzusatz oder mit Kunstharzzusatz, ob mit Putz oder ohne Putz, ob mit Leimfarbe oder mit Wasserglas bedeckt, erlaubt einen Feuchteaustausch zwischen Innen und Außen, er kann „atmen". Die vorgeschlagenen Anstriche und Putze nehmen Kondensfeuchtigkeit auf, geben sie bei starkem Anfall weiter ab, unter Umständen bis hin zum Lehm, speichern sie und geben sie bei abnehmender Luftfeuchtigkeit wieder an die Raumluft zurück. Wenn man aber die Wandflächen absperrt, dann wird das Holzwerk angegriffen.

Alle empfohlenen Maßnahmen beziehen sich auf normale Renovierungen, Rekonstruktionen oder Neuanfertigungen der Gefache. Bei notwendigen Restaurierungen von auf Lehmputz sitzenden Ausmalungen, Raum- und Schmuckfassungen gelten andere Kriterien. Dafür gibt es keine Rezepte. Es ist von Fall zu Fall verschieden, ob Abnahme und Neuanbringung nach Konsolidierung des Untergrundes, oder ob eine Sanierung durch die Ausmalung hindurch möglich ist. Auf jeden Fall wird bei einer Restaurierung Chemie in Form von Kunstharzen sowohl in Lösung, als auch als Dispersion verwandt. Dennoch gilt auch hier, daß bei allen Konservierungsmethoden zur Rettung solcher Ausmalungen die spezifischen Eigenschaften des Untergrundes und der Ausmalung nicht verändert werden dürfen. In den letzten gut 25 Jahren sind durch die Industrie zahlreiche synthetische Materialien entwickelt worden, die die sonst in Industrie und Technik gebräuchlichen Binde- und Klebemittel verdrängt haben, weil sie besser sind und sich je nach den gestellten Anforderungen einstellen lassen, während die früher verwandten Naturstoffe in ihrer Qualität und damit Wirkung stark schwanken konnten. Hinzuweisen wäre noch darauf, daß die synthetischen Materialien keine Bindemittel sind, die den Putzen oder den Malereien zurückgeben, was diese verloren haben, sondern es werden mehr oder weniger bindungslos gewordene Substanzen miteinander verklebt, und das sollte in der Regel in der geringstmöglichen Konzentration erfolgen.

Anmerkungen
Richard Niemeyer, Der Lehmbau und seine praktische Anwendung, Hamburg 1946, Grebenstein 1982.
Hermann Kühn, Erhaltung und Pflege von Kunstwerken und Antiquitäten, Band 1 und 2, München 1981.
Farbwerke Höchst AG (Hrsg.), Mowilith-Handbuch, 5. Aufl. 1970.
Heinrich Wulf, Farbwarenkunde, Köln 1956.
Ministerium für Kultur. Verband Bildender Künstler der DDR (Hrsg.), Restaurierte Kunstwerke der Deutschen Demokratischen Republik, (= Ausstellungskatalog zur Ausstellung im Alten Museum, Berlin) April-Juni 1980.

Abbildungsnachweis
Sämtliche Fotos: Jürgen Hohmann, Rheinisches Amt für Denkmalpflege, 1986

Technische Aspekte von Anstrichen nach schriftlichen Quellen, Befragungen und naturwissenschaftlichen Befundanalysen

Franz-Josef Kosel

Noch bis in die 80er Jahre wurde in Fachkreisen die Meinung vertreten, „pflegeleichte" Anstriche sowohl an historischen Privatgebäuden als auch an wiederaufgebauten Gebäuden in Freilichtmuseen seien nicht nur historisch vertretbar, sondern auch, speziell unter dem Aspekt der Haltbarkeit, ein willkommener Ersatz für historische Oberflächen. Wirft man noch einen Blick auf die vielfältigen Entwicklungen auf dem Werkstoffsektor, insbesondere seit den 50er Jahren, so ist es nicht verwunderlich, daß sowohl Fachleute wie Laien nur mühsam dem stetigen Werkstoffwandel zu folgen vermochten und sich auf Ratschläge und Empfehlungen der Farbindustrie verlassen mußten. Rührten und mischten z. B. noch bis Ende der 50er und Anfang der 60er Jahre Maler wie Laien ihre ölhaltigen und wasserlöslichen Farben selber an, so brachte die Werkstoffentwicklung ab den 1955/60er Jahren leicht zu verarbeitende Farbmaterialien auf den Markt, die in technischer Hinsicht bald universell verwendbar waren und dem Verbraucher Pflegeleichtigkeit verhießen. Als ab Anfang der 60er Jahre, hervorgerufen durch die Nostalgiewelle und den Antiquitätenboom, das Verwenden alter Dekorformen (z. B. Wand- und Deckenschablonierungen, Holz- und Marmormalerei etc.) neu belebt wurde, erhielt auch der historische Baubestand seine Aufwertung. Mit viel Aufwand wurden zahlreiche historische Gebäude instandgesetzt und durchsaniert. Industrie und Handwerk entdeckten die Denkmalpflege als ihr Arbeitsgebiet und ein Teil der Denkmalpfleger akzeptierte Materialien und Handwerkstechniken, die in der Regel im Neubausektor üblich waren. Derartige Entwicklungen machten auch vor den Freilichtmuseen nicht halt. Schon ein kritischer Blick auf die hier im Museum vertretenen vielfältigen Anstrichuntergründe verrät dem Betrachter die angewandte Schnellbauweise. Von Asbest-, Bimsstein-, Gipskarton- und Heraklithplatten bis Ytongsteinen (teilweise mit darauffliegendem Lehmputz) reicht die Baustoffpalette, die als Anstrichträger für historische Farbfassungen dienen sollte. Kalkfarbenanstriche mit Zuschlägen von Dyckerhoffweiß auf feinporigem Terranovaputz wurden ebenso verarbeitet wie Fassadenfarbanstriche auf Lehmausfachungen oder lehmfarbig getönte Fassadenfarbanstriche auf Terranovaputzen.

Wenn bislang auch nur stichprobenartig, so wurde ab Mitte der 80er Jahre für das Sammelgebiet des Rheinischen Freilichtmuseums in Kommern mit der Befunderfassung zur historischen Farbigkeit in und an Fachwerkgebäuden begonnen. Ziel einer ersten Stichprobenuntersuchung war es, festzustellen, welche grundsätzlichen und abweichenden Farbsysteme hier im Sammelbereich vorkamen, d. h. in den Landschaften des Westerwaldes, der Eifel, am Niederrhein und im westfälisch-bergischen Grenzgebiet noch heute auffindbar sind. Dabei soll vor allem geklärt werden, welche Farben die Hölzer und die Lehmgefache besaßen, ob Begleitbänder angebracht wurden, ob Balken verbreitert aufgemalt wurden und welche Anstrichtechniken und Pigmente im Innen- und Außenbereich vorherrschend waren. Erst wenn diese Fragen annähernd für ein Sammelgebiet eines Museums geklärt sind, können auch Aussagen zu den häufigen Anfragen von Privatleuten gemacht werden, die sich selbst um die farbige Wiederherstellung ihres historischen Gebäudes bemühen. Daß natürlich heute wie vor Jahrhunderten der Gestaltungsfreude des anstreichenden Laien wie auch des Malerhandwerkers keinerlei Grenzen gesetzt sind, liegt auf der Hand.

Quellen zu älteren Anstrichtechniken

Erste Aufschlüsse über arbeitstechnische Hintergründe zu Anstrichverfahren, Werkzeugen, Hilfsgeräten etc. bieten u. a. Berufsschulbücher, Werkstattwochenbücher, technologische Malerhandbücher, Anschreibebücher aus Malerwerkstätten und die autobiographischen Schriften ehemaliger Malerhandwerker. Lebendig werden diese Quellen, wenn hierzu ältere Malermeister- und Gesellen zu ihrer Berufspraxis befragt werden. Wie wichtig derartige Befragungen gegenüber schriftlichen Quellen sein können, wird spätestens dann deutlich, wenn man etwa herausfinden möchte, wie lange bestimmte Malertechniken, besonders technische Kniffe — ich denke hier an die vielfältigen Materialkombinationen und Rezeptgeheimniskrämereien — in einer bestimmten Region Anwendung fanden. Sie können auch Auskunft darüber geben, wann bestimmte Werkstoff- und Gerätewandlungen sich in der Malerpraxis durchsetzen konnten. Setzt man diese Auskünfte von Malerhandwerkern mit der einschlägigen Malerfachliteratur, wie den „technischen Vorschriften Anstrich" in Verbindung, zieht man zudem Preislisten, Verdingungsordnungen oder alte Tarifverträge hinzu, so erhält man schon weitreichende Hinweise auf ehemalige arbeitstechnische Voraussetzungen und persönliche Eigenheiten bei Malerhandwerkern und auch bei anstreichenden Laienhandwerkern.[1] Die schriftlichen und mündlichen Quellen müssen ergänzt werden durch Materialversuche und Rekonstruktionen, wobei naturwissenschaftliche Befundanalysen von Proben historischer Wand- und Deckenanstriche eine wichtige Arbeitsgrundlage bilden. Eine „exakte photographische Dokumentation zusammen mit dem Nachmischen von Farben und dem Archivieren von Befundstücken des Putzes ist daher unerläßlich".[2] Das Untersuchen des Anstrichuntergrundes und die Feststellung sowohl der ursprünglichen als auch der im Laufe der Zeit hinzugekommenen Farbfassungen gelten heute für ein Freilichtmuseum als unverzichtbar, wenn es darum gehen soll, einen entsprechenden Zeitabschnitt für die farbige Fassung eines Gebäudes bzw. einzelner Räume, besonders im Hinblick auf deren Ausstattung mit jüngerem Inventar, wählen zu können.

Farbuntersuchungen im rheinischen Freilichtmuseum Kommern

Die bisher vorliegenden Farbuntersuchungen zeigen, wie wenig von den historischen Farbfassungen in bezug auf die gewählten Zeitabschnitte eingerichteter Räume bisher hier im Museum umgesetzt werden konnte. Da man im Freilichtmuseum Kommern mit den Farbuntersuchungen erst am Anfang steht, lassen sich Aussagen über landschaftstypische, anstrichtechnische und gestalterische Merkmale derzeit nur begrenzt treffen, weil das Untersuchungsmaterial noch zu spärlich ist. Insgesamt wurden bisher 56 Farbproben aus 15 Orten[3] untersucht, wovon 31 Farbproben auf Kalkanstriche an Lehmgefachinnenwänden und Decken von 10 verschiedenen Gebäuden entfallen, 9 Kalkanstriche auf Lehmgefachaußenwänden an 7 Gebäuden, 6 Holzaußenanstrichproben stammen von 4 Gebäuden und 9 Holzinnenanstrichproben von 3 Gebäuden. Das Alter der Gebäude, von denen Farbproben entnommen wurden, umfaßt den Zeitraum Mitte 17. bis Mitte 19. Jahrhundert.

An dieser Stelle muß darauf hingewiesen werden, daß die Entstehungszeit, die die hier im Museum vertretenen Gebäude repräsentieren, das 15. bis 17. Jahrhundert ist und die bisher untersuchten Farbproben diesen Zeitraum nur sehr unzureichend abdecken können. Etwa 60 Farbproben konnten aus Kostengründen noch nicht ausgewertet werden. Die angesprochene Untersuchungs- bzw. Testreihe beschränkt sich bis jetzt auf

— das Untersuchen des Anstrichuntergrundes, die Feststellung der ursprünglichen und der im Laufe der Zeit hinzugekommenen Farbfassungen,

— die naturwissenschaftliche Befundanalyse, d. h. physikalische und chemische Erfassung von Farbbefunden sowie

— die Erprobung von Anstrichen nach Befunden in den entsprechenden Techniken mit relevanten Farbmaterialien.

Qualität der Malerhandwerksarbeit

Voraussetzungen für die fachgerechte Ausführung alter Handwerkstechniken sind eine gründliche Ausbildung der Handwerker und möglichst umfangreiche Erfahrungen im Umgang mit den zu verarbeitenden Werkstoffen und den jeweils zur Anwendung kommenden Techniken. Daß jedoch die Qualität einer ausgeführten Anstricharbeit auch früher schon nicht nur von dem handwerklichen Leistungsvermögen eines Malers abhing, sondern werkstoffliche Faktoren eine mindestens genauso wichtige Rolle spielten, kann ein kurzer Rückblick in ältere ländliche Malerwerkstätten verdeutlichen.

Von Werkstätten im heutigen Sinne konnte um die Jahrhundertwende in kleineren Orten oder Dörfern kaum die Rede sein. Die eher als Materiallager anzusprechenden Werkstatträume waren in Kellern, einfachen Holzschuppen auf Hinterhöfen oder in Holzverschlägen über Viehställen untergebracht. (Heute dienen bei manchen Malern Autogaragen als Materiallager). Wegen der brennbaren Flüssigkeiten wie etwa Brennspiritus, Terpentinöl, Testbenzin u. a. fanden sich nur sehr selten Öfen in diesen Räumen, und die Herdstelle der Hausfrau mußte gewerblich mitbenutzt werden, um Leime, Seifen und Farben aufzukochen. Dasselbe traf auch auf die Wasserstelle in der Küche zu, die insbesondere bei werkstattgebundenen Arbeiten stark frequentiert wurde, um Pinsel auszuwaschen, Farben und Kleister für den Baustellenbetrieb herzurichten oder Schablonen zu reinigen. Anzusprechen ist aber in diesem Zusammenhang auch die Lagerhaltung der wichtigsten Werkstoffe im Hinblick auf wechselnde Witterungseinflüsse. Da die Betriebsführung insgesamt gesehen wohl bei den meisten Handwerksmeistern eher intuitiv war, wurden so manche Werkstoffe in den beengten Keller- oder Holzschuppenwerkstätten nicht immer sachgemäß gelagert, so daß Materialverluste und anstrichtechnische Qualitätseinbußen die Folgen sein mußten. Wechselnde Witterungseinflüsse wie Hitze, Frost oder Feuchtigkeit bewirkten, daß Trockenpigmente, Kreiden, Gips, wässrige Bindemittel oder Öllacke klumpig, grieselig und hart wurden oder zu oxydieren begannen und anschließend nur noch bedingt für untergeordnete Arbeiten zu verwenden waren. Selbst das Umwickeln der pigmentgefüllten Holz- oder Presspappfässer und auch angeteigter Farben, wie etwa von Bleiweiß, Pasten- oder Faßleimen mit Stroh, Säcken oder Lumpen gegen Frosteinwirkung, bot kaum ausreichenden Schutz. Hierdurch verursachte Werkstoffbeeinträchtigungen konnten schon Erneuerungsanstriche nach nicht allzu langer Zeit notwendig machen. Im allgemeinen kann davon ausgegangen werden, daß die meisten selbständigen Malermeister in kleineren Orten in relativ bescheidenen Verhältnissen lebten und viel zu wenig Geld hatten, um eventuelle Mehrkosten ihres traditionellen Wirtschaftens subventionieren zu können. Das zwang und zwingt z. T. auch heute noch zu rationellem Handeln, zur scharfen Kalkulation, zur oft erfolgreichen Improvisation, zu technischen Verfeinerungen und zu Werkstoffeinsparungen.

Es läßt sich kaum bestreiten, daß heute wie früher immer wieder Ärger dadurch entsteht, daß die Anbieter handwerklicher Leistungen mit den niedrigsten Angebotspreisen Zuschläge für die Ausführung erhalten. Es ist daher nicht verwunderlich, daß Minimalkalkulationen häufig ein Unterlassen technisch notwendiger Arbeitsgänge zur Folge haben, eine Seite der Malerpraxis, die auch in der Autobiographie des einstigen Malergesellen Ludwig Reisberger treffend so beschrieben wird: „Vom Auskitten (des Holzwerks) oder gar Ausbrennen (der Harzstellen) war bei solchen Bauernarbeiten meist keine Rede, ebensowenig vom Abschleifen mit Glaspapier, das war alles schon in der Farbe drinnen."[4] Konkurrenzdruck führte wohl am häufigsten dazu, daß auf den Baustellen geschludert wurde und wird. Meister mit weniger Erfahrungen in der Kalkulation nahmen es deshalb manchmal nicht so ernst mit den technischen Vorarbeiten oder der Verwendung einwandfreier, frischer Werkstoffe. Und auch heute ist es im Handwerk immer noch ein gutes Geschäft, Werkstoffe zu verfälschen, um so kalkulatorische Fehler durch vereinfachte materialsparende Arbeitsgänge auszugleichen.

Anstrichprobefelder an Museumsgebäuden

Um Erfahrungen im Umgang mit historischen Anstrichmaterialien und -techniken sowie über deren Haltbarkeit zu gewinnen, gleichzeitig aber auch, um interessierten

Museumsbesuchern Anschauungsmaterial zu bieten, wurden im Freilichtmuseum Kommern Anstrichprobefelder angelegt. An einigen ausgewählten Gebäuden in der Eifelbaugruppe wurden dazu auf unterschiedlichen Anstrichuntergründen geeignete Kalkfarbenanstriche aufgebracht; teils nach historischen Rezepten, teils nach Angaben von erfahrenen Fachleuten. Die dabei gewonnenen Erkenntnisse sollen bei zukünftig erforderlichen Gebäuderenovierungen verwertet werden.

Die Fassaden historischer Bauwerke wurden früher überwiegend mit Kalkfarben behandelt. Wegen der Einwirkung unserer stark schwefelsäurehaltigen Atmosphäre, die den kohlesauren Kalk des Kalkanstrichs zersetzt und ihn in wasserlöslichen Gips umwandelt, gelten Kalkfarbenanstriche an Außenwänden in Industriegebieten heute aus Kostengründen als weniger empfehlenswert, da sie in relativ kurzen Abständen von etwa 1 bis 3 Jahren Renovierungsanstriche erfordern. Weil man aber mit Kunststoffdispersions- und Latexfarben nicht die gewünschten Kalklasureffekte erzielen kann und überdies durch die Vielfalt von Fabrikaten auf diesem Gebiet große Unsicherheit besteht, werden Fassadenanstriche bei denkmalpflegerischen Arbeiten heute in der Regel mit Mineralfarben durchgeführt.

Die wertvollen Eigenschaften des Kalkes (wie z. B. die desinfizierende Wirkung, Wetterbeständigkeit, keine durch Fäulnis oder Gärung zerstörbaren Bindemittel) können jedoch erst dann voll ihre Wirksamkeit entfalten, wenn die Voraussetzungen vom Untergrund her gegeben sind. Ein angemessener Untergrund ist frischer Kalkputz oder ein Kalklehmputz, wobei Anstrich und der Putz gleichzeitig miteinander erhärten können. Hierdurch verbindet sich der Kalkanstrich unlösbar mit der Putzschicht. Sind die Poren des Putzes durch Latex, Dispersionsfarben, Öl- oder Lackfarben geschlossen, so ist auch nach dem Entfernen derartiger Altanstriche von einem Kalkfarbenanstrich abzusehen, es sei denn, vor dem Kalkfarbenanstrich wird der Putz erneuert. Ein Kalkfarbenanstrich sollte nur dann in Betracht gezogen werden, wenn entweder neuer Putz vorhanden ist, d. h. der verstopfte Altputz entfernt und erneuert wurde, oder ein gut haftender, einwandfreier Kalkfarbenanstrich die Grundlage für einen Neuanstrich bietet.

Zur Farbigkeit der untersuchten Kalkaußenanstriche

Kalkfarbenanstriche verdanken ihr gutes Aussehen gerade der Lasurwirkung mehrerer dünn aufgetragener transparenter Anstrichschichten. Der typische Effekt der Leuchtkraft läßt sich mit Latex oder Dispersionsfarben nicht erzielen. Während technisch richtig ausgeführte Kalkfarbenanstriche eine lebendige Lichtreflexion aufweisen, wirken dagegen noch so gute Dispersionsfarbenanstriche tot und stumpf.

Wie die Untersuchungen von Frau Dr. Jägers belegen, kamen bei Außenanstrichen an Wohn- und Hofgebäuden keineswegs nur kalkweiße Anstriche vor. Die untersuchten Schichtpakete (0,75 bis 3,3 mm Gesamtstärke, entsprechend 5 bis 21 Fassungsschichten) lassen darauf schließen, daß zumindest für den Zeitraum der letzten 100 bis 180 Jahre die einzelnen Gebäude zum Teil ein sehr vielfältiges und wechselndes farbiges Erscheinungsbild besaßen. Alle Außenanstriche (9 Proben von 6 Gebäuden) scheinen eine Leitfarbe, zumindest läßt sich dies vorsichtig aus den ältesten Farbschichten interpretieren, besessen zu haben. Nachweisen ließen sich u. a. die Ausmischungen von Hellblau bis Blaugrau und Grau an den Wohn- und Stallgebäuden aus Simmerath (Kreis Aachen), Binzenbach (Kreis Ahrweiler), Grefrath (Kreis Viersen), Herrath (Kreis Mönchengladbach) und Buchholz (Siegkreis). Hellgelbe bis gelbrosa Gefachanstriche fanden sich nur in Höfen (Kreis Aachen). Mit den jüngeren Farbschichten nahm auch die Farbigkeit an den Gebäuden aus Binzenbach, Herrath und Grefrath zu, während in Höfen und Simmerath die alte Farbigkeit unverändert beibehalten wurde. Anstelle der „Leitfarbe" Ultramarinblau (teils gemischt mit Rußschwarz, gelbem und rotem Ocker) wurden nun zum Kalk die Pigmente gelber und roter Ocker in Herrath bevorzugt. Zwischen der 8. und 12. Farbfassung war z. B. der Kalkanstrich in Binzenbach mit gelbem und rotem Ocker getönt, dem in der Reihenfolge gelborange, grünbeige, weiß, hellgrün und schließlich ein hellgelber Kalkfarbenanstrich folgte. Ocker- und schwarzpigmentierte Kalkanstriche lösten das beliebte Ultramarinblau auch an der Scheune aus Grefrath ab. Auf den wechselnden hellgelben, rosafarbenen und grauweißen Gefachanstrichen (nach der Umbauphase aus der 2. H. des 19. Jh.) fanden sich in Höfen bis zu 2,5 cm breite Begleitbänder in den Farben Rot (Eisenoxidrot), Braun (braune Erde/Umbra), Rotbraun (roter Ocker) und Graubraun. In Simmerath wurde der hellgraue Gefachanstrich durch einen 2 cm breiten blaugrauen Begleitstrich abgeschlossen. In Buchholz nahm man dagegen Abstand von den hellblauen bis hellgrauen Anstrichen und kälkte die Wände anschließend schlicht weiß. Dafür erhielt der Bruchsteinmauersockel kräftige graubraune bis rotbraune Ölfarbenanstriche (verwandte Pigmente: Eisenoxidrot, Pflanzenschwarz und Braun).

Innenanstriche an Wand- und Deckenflächen

Bei der Stichprobenuntersuchung interessierte uns natürlich auch das Anstrichmaterial an Innenwänden und Deckenflächen. Hier kam es darauf an festzustellen, welche Grundanstrichtechniken, welche Pigmente, Isoliermittel und Zuschlagstoffe verwandt wurden. Untersucht wurden insgesamt 25 Innenwandanstriche von 7 Wohngebäuden aus der Mitte des 19. Jahrhunderts. Die entnommenen Schichtenpakete reichten von 0,3 mm bis 4 mm, d. h. die Farbfassungen umfaßten 5 bis 24 Anstriche. An Deckenanstrichproben liegen derzeit nur 6 Befundanalysen von 4 Gebäuden aus der Mitte des 19. Jahrhunderts vor. Bei den Deckenanstrichen erreichten die Farbschichtenpakete eine Stärke von 1,3 mm bis 2,75 mm, d. h. die Schichtenpakete besaßen einen Umfang von 14 bis 40 Farbfassungen.

Da Leimfarbenanstriche nur von sehr geringer Widerstandsfähigkeit sind, gut vorbereitete Untergründe benötigen, selten mehr als zwei- bis dreilagige Anstriche ermöglichen und im Gegensatz zur Kalkfarbe nach der Trocknung wasserlöslich bleiben, wurde aus praktischen Gründen auch bei Decken- und Wandanstrichen in bäuerlichen Gebäuden Kalk als Anstrichfarbe bevorzugt. Nach den Befundanalysen wurde ausschließlich Kalk als

Anstrichstoff nachgewiesen. Kreide, Lithopone oder Titanweiß als weißer Grundanstrichstoff für Leimfarbeninnenanstriche wurde in keiner Farbprobe nachgewiesen.

Isoliermittel

Isoliermittel gegen verräucherte und verrußte Wand- und Deckenflächen, wie etwa Weißkalk mit Schmalz, Verwendung des Absuds frischen Kuhmistes mit Kalkmilch, Salzlösungen, Schellack oder Spirituslack gegen Wasserflecken etc., ließen sich nach den Befundanalysen nicht nachweisen. Die Anwendung von Kalk zur Beseitigung von Rauch-, Ruß-, Öl- und Fettflecken durch Aufstreichen oder durch Einreiben auf Decken- und Wandflächen darf allerdings nicht ausgeschlossen werden.

Wie bei den Außenanstrichen läßt sich auch bei den Decken- und Wandanstrichen anhand der Schichtenfolge ein farblicher Trend ablesen. In der Regel schwach pigmentiert, zeigten die Befundanalysen bei allen Deckenanstrichen ein Farbspektrum, das von kalkweißen Anstrichen über Hellblau, Graublau, Hellgelb bis bräunlich und Braun reichte (an Pigmenten wurden Ultramarinblau, roter und gelber Ocker, Eisenoxidrot und Pflanzenschwarz benutzt). Das Farbspektrum der Wandanstriche reichte von Weiß, Hellblau, Hellgrün, Grün, Gelb über Hellgrün wieder zu Hellblau und Hellgrau. Tönungen, wie etwa kräftiges Rosa, leuchtendes Rot bis hin zu Dunkelbraun, kräftiges Blau und Grün an Stuben-, Herd- und Kammerwänden, blieben dagegen die Ausnahme. Nur in 3 Fällen war ein „einwandfreier fachmännischer Anstrichaufbau" feststellbar. Nach zwei- bis dreimaligen, stets von Mal zu Mal kräftiger pigmentierten Kalkanstrichen, folgte jeweils ein unpigmentierter, gelegentlich zweilagiger, Kalkanstrich.

Zuschlagstoffe bei Kalkinnen- und Außenanstrichen

Da die Diskussion um die Zuschlagstoffe bei Kalkanstrichen heute recht kontrovers geführt wird, möchte ich auch hierauf noch kurz eingehen. Nach den Befundanalysen wurden in allen 40 Innen- und Außenanstrichproben Proteinzuschläge festgestellt, wobei eine deutliche Zunahme des Proteinanteils in den oberen Farbfassungen nachgewiesen werden konnte. Von den 40 Anstrichproben enthielten 10 Farbproben (9 Innen- und 1 Außenanstrichprobe) in einigen Schichten Protein und verseifbare ölige Bindemittelzusätze. Daß es sich hierbei um Kalkemulsionsanstriche, d. h. eine Emulsion aus Kalkmilch, Blutwasser (Serumprotein) oder anstatt Serumprotein Milch oder Quark und Leinöl gehandelt haben kann, ist durchaus denkbar.[5]

Die Verwendung von Blut als Bindemittel gehört wohl zu den typischen Maßnahmen, zu denen das Handwerk mitunter in der Zeit der Vernachlässigung des überlieferten fachtechnischen Wissens griff. Es schien bequemer, gleich mit Blut zu arbeiten statt mit Serum, dessen Gewinnung mehr Arbeitszeit erforderte. Den anstrichtechnischen Wert des Blutes begründet aber ausschließlich das Serumprotein. Der rote Blutkörperanteil erweist sich im Anstrich als überflüssig und schädlich, und bewirkt nur die sehr geringe Widerstandsfähigkeit der Blutanstriche. Eine sinnvolle Aufbereitung einer Kalkemulsionsfarbe ist eine Mischung von Blutserum mit Leinölfirnis im Verhältnis 2:1. Alle anderen Zugaben wie Mehlkleister, Leim, Bier, Pech, Petroleum und Terpentin sind sinnlos und durch nichts begründet.[6] Bei den von uns durchgeführten Probeanstrichen mit Blutserum konnte lediglich eine gute Verstreichbarkeit und Verfestigung des Anstrichs festgestellt werden, während die Deckkraft sehr beeinträchtigt wurde. Nachfolgende Kalkanstriche ohne Zuschlagstoffe verloren dagegen an Festigkeit.[7]

Zuschläge von Kochsalz, um die Trocknung zu verlangsamen, schädigen den Anstrich insofern, als die Anstrichschicht nach ihrer Trocknung weiterhin feuchtigkeitanziehend bleibt, was dazu führt, daß der Anstrich vorzeitig verfällt. Heringslake bewirkt ebenfalls ein langsames Auftrocknen des Anstrichs, besitzt aber die gleichen Nachteile wie Kochsalzbeigaben.

Die größte Haltbarkeit und Festigkeit bei Kalkanstrichen auf Neu- und Altputzen kann durch Bindemittelzusätze wie Quark und Milch erzielt werden. Eine sehr hohe Festigkeit und Beständigkeit an Innen- und Außenwandflächen sowie eine Pigmentierung bis hin zu sehr kräftigen und sogar dunklen Farbtönen kann erzielt werden, wenn der Kalkbrei ausschließlich mit Milch streichfertig zubereitet wird. Quarkzusätze (Kalkkaseintechnik) zur besseren Verarbeitung und Haltbarkeit bei Innen- und Außenanstrichen, ermöglichen die Anwendung von das übliche Maß von 10 v. H. überschreitenden Pigmentzusätzen. So lassen sich selbst sehr dunkle Tönungen bei entsprechenden Kaseinbeigaben herstellen. Durch geringe Zusätze von Leinöl oder Leinölfirnis (2 Eßlöffel auf 10 Liter Kalkbrei) entstehen darüber hinaus noch wertvolle Emulsionen, die auch im Innenbereich, zum Anstrich von ungehobelten Holzflächen geeignet sind.

Holzanstriche

Beispiel: Haus aus Rohren, Kreis Aachen

Als das Haus aus Rohren, erbaut im 17. Jahrhundert, seit 1958 nicht mehr bewohnt, 1960 abgebrochen und 1981 im Rohbau hier im Museum fertiggestellt wurde, besaß man keinerlei Befundanalysen zur Farbigkeit des Gebäudes. Da Einbauteile des Gebäudes, wie etwa Türen, Takenschrank und die Wasserpumpe aus unterschiedlichen Umbauphasen des Hauses gut erhalten waren, boten sich hier Möglichkeiten, zumindest für den Holz- und Eisenanstrich, die der später zu repräsentierenden Zeit entsprechenden Anstriche wiederherzustellen. Diese Einbauteile, teils aus der ersten, teils aus der zweiten Hälfte des 19. Jahrhunderts, boten nach der naturwissenschaftlichen Befunduntersuchung folgende Pigmentierungen und Fassungsschichten: Die Speichertür besaß bis zu ihrem Ausbau beidseitig 3 getönte Bleiweißanstriche. Der Aufbau der Farbprobe zeigte als ersten Anstrich einen hellblauen (Bleiweiß und Ultramarinblau künstl.), hierauf einen dunklen graublauen Anstrich (Bleiweiß, Ultramarin künstl. und Rußschwarz). Das Mischen von Bleiweiß und Ultramarinblau künstl. ist hier wohl kaum von einem Maler vorgenommen worden, denn dieser hätte aufgrund seiner Berufspraxis von den eintretenden unschönen Verfärbungen gewußt. Ultramarinblau künstl. ist nicht mit Bleifarben mischbar.

Ganz anders dagegen der Anstrichaufbau der Stubentür. Hier diente Lithopone als weißer Grundanstrichstoff. Die 4 Anstrichschichten boten folgende Pigmentierungen; auf dem Holz ein dunkelgrauer Anstrich (Lithopone gemischt mit Rußschwarz), ein hellgrüner Anstrich (Lithopone und Chromoxidgrün), ein rosa getönter Anstrich (Lithopone gemischt mit gelbem und rotem Ocker) sowie ein (vergilbter) unpigmentierter Lithoponeanstrich als letzte Farbfassung. Die zweite Seite der Stubentür besaß nur 3 Fassungsschichten; einen dunkelgrauen Anstrich (Lithopone und Rußschwarz) sowie 2 unpigmentierte Lithoponeanstriche. Die Innenseite der Haustür besaß zunächst 4 Bleiweiß- und als jüngste Fassung einen Lithoponeanstrich. Der Grundanstrich, wie bei den Stubentüren, wieder dunkelgrau, darauf ein dunkelbrauner zweischichtiger Bleiweißanstrich, hierauf ein chromoxidgrün-getönter Bleiweißanstrich und schließlich ein unpigmentierter (vergilbter) Lithoponeanstrich. Der Außenanstrich bot ein anderes Bild: auf das Holz wurde ein unpigmentierter Bleiweißanstrich aufgebracht, darauf folgte ein hellgrauer, pflanzenschwarz-pigmentierter Lithoponeanstrich, es folgte weiter ein dunkelgrauer Lithoponeanstrich (Lithopone und Pflanzenschwarz), hierauf ein blau-getönter Lithoponeanstrich (Lithopone und Berlinerblau) und schließlich als letzte Fassung ein zweischichtiger Grünanstrich, d. h. das Mischpigment bestand aus Berlinerblau und Bleigelb. Auffällig ist bei den Türenanstrichen im Haus Rohren, daß Lithopone als ein nicht sehr wetterbeständiges Weißpigment auch für den Außenanstrich verwendet und umgekehrt sehr wetterbeständiges Bleiweiß für den Innenanstrich benutzt wurde.

Nicht weniger interessant ist auch der Anstrich der Wasserpumpe einschließlich der dazugehörigen Bohle. Insgesamt 9, zum Teil zweilagig aufgetragene Anstriche wurden auf den eisernen Teilen der Wasserpumpe nachgewiesen, wobei die Palette der Pigmentierungen verschiedene Grün- bis blaugrüne Tönungen aufwies. An Pigmenten wurden Berlinerblau, Chromgrün (gemischt aus Berlinerblau und Bleigelb) und das recht teure Smalte nachgewiesen. Als Bindemittel diente, wie bei allen zuvor genannten Anstrichen auf Holz, Leinöl. Die Bohle, auf der die Wasserpumpe im Haus montiert war, wies dagegen nur 2 getönte Lithoponeanstriche auf. Eine weiße Lithoponegrundierung über der ein graugrüner Lithoponeanstrich aufgetragen wurde. Auch die Anstrichschichten und die benutzten Pigmente am Takenschrank lassen vermuten, daß mindestens 3 Anstriche zeitgleich mit den Stuben- und Haustüranstrichen zusammenfallen. Wenn auch die oben angesprochenen Letztanstriche aus der ersten Hälfte des 20. Jahrhunderts stammen, so zeigt sich bei der Verwendung des Farbmaterials für den Innenanstrich an Holz- und Eisenteilen doch, daß Bleiweißfarben, von jeher die wertvollste und zuverlässigste weiße Ölfarbe für Holz- und Eisenanstriche, hier offensichtlich seit der Erbauung des Hauses im 17. Jahrhunderts für den Innenanstrich verwendet wurde. Obwohl blei- und arsenhaltige Anstrichfarben aus hygienischen Gründen in Innenräumen gemäß verschiedener Verordnungen und Gesetze[8] ab 1879 zunächst eingeschränkt und ab 1930 gänzlich verboten waren, wenn der Gehalt an metallischem Blei 2 Prozent überschritt, stellt sich in diesem Zusammenhang die Frage, wie derartige Anstrichmittel als historische anstrichtechnische Belegstücke bei Restaurierungsmaßnahmen im Museumsbereich angemessen Berücksichtigung finden können. Ist man in Freilichtmuseen auch nur annähernd um eine realistische historische Farbigkeit an Baudenkmälern bemüht, die dem Besucher doch immerhin Aufschluß über das ästhetische Empfinden der jeweiligen Hausbewohner vermitteln sollen, so kann man diesem Anspruch in material- und handwerkstechnischer Hinsicht nicht mit Kunststoffprodukten gerecht werden.

In Höfen (Kreis Aachen) reichte die Farbpalette am Außenbalkenwerk, an den Türen und Fensterlaibungen von reinen, unpigmentierten Bleiweißanstrichen über zahlreiche rotbraune Anstrichschichten (Eisenoxidrot und Schwarz) bis hin zu mehrschichtigen hellgrünen Letztanstrichen (Chromoxidgrün). Auch in Simmerath (Kreis Aachen) ließen sich hellrote bis hellrot- braune Balkenanstriche nachweisen, wohingegen an Stall- und Schuppentüren graue (Bleiweiß und Schwarz), hellrote (roter Ocker) bis chromoxidgrüne Leinölanstriche feststellbar waren.

Aufgrund der bisherigen Beobachtungen und Farbuntersuchungen im Arbeitsbereich des Rheinischen Freilichtmuseums kann zusammenfassend gesagt werden, daß einheitlich für den Innen- und Außenanstrich von Wand- und Deckenflächen der Werkstoff Kalk, als Zuschlagstoffe Protein und Leinöl verwendet wurde. Hinsichtlich der Anwendung von Pigmenten im Innen- wie im Außenbereich ist eine vielfältige und z. T. stark variierende Farbigkeit nicht nur an den Wohngebäuden ablesbar. Holzanstriche im Innen- und Außenbereich wurden ausschließlich in pigmentierten Leinöl- und Bleiweißfarben ausgeführt. Emulsionsanstriche auf Holz konnten hingegen noch nicht nachgewiesen werden.

Der soeben angesprochene Themenkomplex zeigt im Grunde schon sehr viel von dem, was für ein Freilichtmuseum, das um die Annäherung an eine historische Farbigkeit bemüht ist, zu tun ist. Im Bereich des ländlichen Handwerkens sollte auch ein Freilichtmuseum diejenigen Bedingungen der alten anstrichtechnischen Arbeitsverfahren kennen und praktisch umsetzen, die dem Besucher u. a. über landschaftstypische Besonderheiten hinaus die unterschiedlichen gestalterischen Werte und technischen Qualitäten zeigen.

Anmerkungen

1 Der technische Informationsbedarf der Laienhandwerker ist sicher auch früher schon von Malerhandwerkern befriedigt worden.
2 Johannes Cramer, Gelbes Fachwerk. In: Denkmalpflege in Baden-Württemberg 3/1985, S. 162.
3 Das Untersuchungsmaterial stammt aus den Landkreisen Aachen, Ahrweiler, Daun, Euskirchen, Mayen/Koblenz, Siegkreis, Viersen sowie der Stadt Mönchengladbach.
4 Ludwig Reisberger, Erinnerungen eines alten Malers, München 1928, S. 112.
5 Ulrich Schießl, Ochsenblut — ein Farbmittel und ein Farbname. In: Denkmalpflege in Baden-Württemberg, 3/1981 S. 122
6 Nach Konrad Gatz u. a., Lehrbuch des Malerhandwerks, München 1953 S. 273 f.
7 Vgl. Erich Kopinski, So arbeitet der Maler, Berlin und Bremen, 1965, S. 49 f. sowie Helmut Laubsch, Mit Pinsel und Farbe. Eine Fachkunde für Maler, Braunschweig 1952, S. 50 f.
8 Nach Carl Koch, Großes Malerhandbuch, Gießen 1935, S. 1085—1097 waren für die Anwendungsbeschränkungen blei- und arsenhaltiger Anstrichfarben insbesondere folgende Vorschriften von Bedeutung:
— Preuß. Gesetz über den Verkehr mit Nahrungsmitteln, Genußmitteln und Gebrauchsgegenständen vom 14. 5. 1879
— Reichsgesetz über die Verwendung gesundheitsschädlicher Farben bei der Herstellung von Nahrungsmitteln, Genußmitteln und Gebrauchsgegenständen vom 5. Juli 1887.
— Preuß. Verordnung über den Verkehr mit Giften vom 22. Februar 1906
— Preuß. Bleiweißverordnung mit Bleimerkblatt vom 27. Januar 1920
— Preuß. Verordnung zum Schutze gegen Bleivergiftung bei Anstricharbeiten vom 27. Mai 1930.

Verzeichnis der Autoren

Prof. Dr. Udo Mainzer
Rheinisches Amt für Denkmalpflege
Abtei Brauweiler
5024 Pulheim 2

Dr. Jörg Schulze
Rheinisches Amt für Denkmalpflege
Abtei Brauweiler
5024 Pulheim 2

Dr. G. Ulrich Großmann
Weserrenaissance-Museum
Schloß Brake
4920 Lemgo

Dr. Fred Kaspar
Westfälisches Amt für Denkmalpflege
Salzstraße 38
4400 Münster

Dipl.-Ing. Martin Thumm
Niedersächsisches Landesverwaltungsamt -Institut für
Denkmalpflege
Scharnhorststr. 1
3000 Hannover

Ulrich Klein M.A.
Freies Institut für Bauforschung und Dokumentation
3550 Marburg

Dipl.-Ing. Wolf-Manfred Müller
Landesamt für Denkmalpflege Rheinland-Pfalz
Göttelmannstr. 17
6500 Mainz 1

Horst Wengerter
Hecherweg 1
7122 Besigheim

Dr. Elisabeth Jägers
Hemberger Str. 75
5303 Bornheim 4

Jürgen Hohmann
Rheinisches Amt für Denkmalpflege
Abtei Brauweiler
5024 Pulheim 2

Dr. Franz-Josef Kosel
Hensenstr. 195
4400 Münster

ARBEITSHEFTE
LANDESKONSERVATOR RHEINLAND

im Auftrag des Ministers für Landes- und Stadtentwicklung von Nordrhein-Westfalen und des Landschaftsverbandes Rheinland

herausgegeben von Landeskonservator Prof. Dr. Udo Mainzer

Schriftleitung Dr. Rüdiger Schneider Berrenberg, ab Heft 41 Dr. Wolfgang Brönner

---

1. **Arbeitersiedlungen 1,** herausgegeben von Günther Borchers, 1975[2]

2. **Denkmäler der Stolberger Messingindustrie,** von Wilfried Hansmann und Wolfgang Zahn, 1974[2] (vergriffen)

3. **Arbeitersiedlungen 2,** von Wilfried Hansmann und Juliane Kirschbaum, 1975[2]

4. **Ensembles 1,** von Carl-Wilhelm Clasen, Wilfried Hansmann und Volker Osteneck, 1975[2]

5. **Die Eisenbahnbrücke über die Wupper bei Müngsten 1893—1897,** von Ernst Werner, 1975[2]

6. **Die Bonner Südstadt,** von Eberhard Grunsky und Volker Osteneck, 1976[2] (vergriffen)

7. **Denkmalpflege im rheinischen Ballungsraum,** Dokumentation der Jahrestagung der Vereinigung der Landesdenkmalpfleger in der Bundesrepublik Deutschland vom 6. bis 13. Mai 1973, herausgegeben von Günther Borchers, 1974 (vergriffen)

8. **Die Kölner Neustadt,** von Hiltrud Kier, 1973 (vergriffen)

9. **Xanten.** Beispiel des Europäischen Denkmalschutzjahres 1975, Juliane Kirschbaum (vergriffen)

10. **Die Kölner Domumgebung als Spiegel der Demrezeption im 19. Jahrhundert,** von Judith Breuer, 1981

11. **Das Frankenberger Viertel in Aachen,** von Peter Ruhnau, 1976 (vergriffen)

12. **Vier Siedlungen in Duisburg (1925—1930),** von Eberhard Grunsky, 1975

13. **F. Schupp, M. Kremer, Bergbauarchitektur 1919—1974,** von Wilhelm Busch, 1980

14. **Wir verändern ein Stückchen Bonn.** Dokumentation über Neubaupläne einer Versicherungsgesellschaft in der Bonner Südstadt, Bürgerinitiative Heroldbauten in Zusammenarbeit mit dem Kunsthistorischen Institut der Universität und dem Arbeitskreis Historisches Stadtgefüge, herausgegeben von Günther Borchers, 1975 (vergriffen)

15. **Die Entwicklung der optischen Telegrafie in Preußen,** von Dieter Herbarth, 1978

16. **Architekturphotogrammetrie I.** Internationales Symposium für Photogrammetrie in der Architektur und Denkmalpflege, Bonn, 10.—13. Mai 1976. Der Wert moderner Kulturgüterarchive, von Hans Foramitti, 1976

17. **Architekturphotogrammetrie II.** Internationales Symposium für Photogrammetrie in der Architektur und Denkmalpflege, Bonn, 10.—13. Mai 1976. Vorträge 1, herausgegeben von Günther Borchers, 1976

18. **Architekturphotogrammetrie III.** Internationales Symposium für Photogrammetrie in der Architektur und Denkmalpflege, Bonn, 10.—13. Mai 1976. Vorträge 2, herausgegeben von Günther Borchers, 1977

19. **Die Schwebebahn in Wuppertal,** von Hans-Fried Schierk und Norbert Schmidt, 1976 (vergriffen)

20. **Technische Denkmale im Rheinland,** von Axel Föhl, 1976

Rheinland-Verlag GmbH · Köln
Abtei Brauweiler · 5024 Pulheim 2

in Kommission bei Dr. Rudolf Habelt GmbH · Bonn

ARBEITSHEFTE LANDESKONSERVATOR RHEINLAND

im Auftrag des Ministers für Landes- und Stadtentwicklung von Nordrhein-Westfalen und des Landschaftsverbandes Rheinland
herausgegeben von Landeskonservator Prof. Dr. Udo Mainzer
Schriftleitung Dr. Rüdiger Schneider Berrenberg, ab Heft 41 Dr. Wolfgang Brönner

---

21. **Kirchenbauten des 19. Jahrhunderts im alten Siegkreis,** von Jörg Schulze, 1977

22. **Der Kölner Hauptbahnhof,** von Ulrich Krings, 1977 (vergriffen)

23. **Wohnbauten in Köln-Ehrenfeld,** von Henriette Meynen, 1977 (vergriffen)

24. **Farbfenster in Bonner Wohnhäusern,** von Waldemar Haberey, Suzanne Beeh und Johannes Ralf Beines, 1979 (vergriffen)

25. **Jülich — Idealstadtanlage der Renaissance,** von Jürgen Eberhardt, 1978

26. **Bad Honnef, Stadtentwicklung und Stadtstruktur,** von V. Darius, I.-M. Heinze, Th. Kirchner, J. Rörig, B. Schellewald und W. Tegethoff, 1979

27. **Schlacht- und Viehmarktanlagen in Wuppertal (1829—1915),** von Norbert Schmidt (in Vorbereitung)

28. **Otto Engler, Geschäfts- und Warenhausarchitektur (1904—1914),** von Eberhard Grunsky, 1979

29. **Wehrtechnische Denkmale. Preußische Festungsbauten in Köln,** von Henriette Meynen mit einem Beitrag von Helmut Pflüger (in Vorbereitung)

30. **Wehrtechnische Denkmale. Der Westwall im Rheinland** (in Vorbereitung)

31. **Bonn-Poppelsdorf.** Die Entwicklung der Bebauung eines Bonner Vorortes in Karte und Bild, von Busso von der Dollen, 1979

32. **Die Fossa Eugeniana.** Die unvollendete Kanalverbindung zwischen Rhein und Maas 1626, von Rolf-Günter Pistor und Henri Smeets, 1979

33. **Schleifkotten, Mühlen und Hämmer an den Solinger Bächen,** von Ludwig Lunkemheimer (in Vorbereitung)

34. **Die Bauten der Gesolei in Düsseldorf,** von Irene Markowitz (in Vorbereitung)

35. **Die farbige Behandlung bürgerlicher Wohnhausfassaden (1800—1914),** von Johannes Ralf Beines (in Vorbereitung)

36. **Schloß Drachenburg,** von Angelika Leyendecker, 1979

37. **Rheinische Schloßbauten im 19. Jahrhundert,** von Harald Herzog, 1981

38. **Das Bergische Patrizierhaus bis 1800,** von Ruth Schmidt-de Bruyn, 1983

39. **Kirchenbauten des 20. Jahrhunderts,** von Barbara Kahle, 1985

40. **Der Wiederaufbau der Kölner Kirchen,** von Christoph Machat, 1987

41. **Die Ordensburg Vogelsang,** von Ruth Schmitz-Ehmke, 1988

42. **Oberflächenbehandlung bei Fachwerkbauten,** Texte zum Symposium Oberflächenbehandlung an und in Fachwerkbauten am 17./18. 10. 1986 im Rheinischen Freilichtmuseum in Kommern

---

Rheinland-Verlag GmbH · Köln

Abtei Brauweiler · 5024 Pulheim 2

in Kommission bei Dr. Rudolf Habelt GmbH · Bonn